散らかっても
10分で片づくアイデア

北欧テイストのシンプルすっきり暮らし

Misa

マイナビ

MY
HOME
INTERIOR

はじめに

私と夫と小さな男の子が2人、4人で3ＬＤＫのマンションで暮らしています。
１ＬＤＫの賃貸マンションから始まった結婚生活。
すでにマイホーム購入を視野に入れていたこともあって
「不要なものは持たない」という意識がありました。

近い将来にするであろう引っ越しを
できるだけ手軽に、安価に、気楽にすませたいという想いがあったのです。
ものを増やさないように過ごした2年10ヶ月の賃貸暮らしでは、
ものに縛られない快適さと、ものを厳選する楽しみを実感することになりました。

そして悩んだマイホーム。
最終的に選んだのは幼い頃にぼんやり夢見た住宅展示場にあるような大きなお家とはほど遠い……、こぢんまりしたマンション暮らし。
決して広いとは言えない間取りと少ししかない収納スペース、使い勝手の悪い造り付け収納などなど。
この小さな空間での暮らしを、快適で心地よいものにするためにはどうしたらいいのだろうと、一生懸命頭をひねってきました。
好きな家具や雑貨も取り入れたインテリアでありながら、狭いリビングを少しでも広くすっきり見せる工夫はないか。
子育て中の毎日のエンドレス片づけをどうしたら苦にならず、こなせるか。

家事がはかどる動線、お掃除しやすい部屋、自分に合う仕組みや収納法を1つひとつ考えて。
それは自分の性格や気持ちと向き合う作業にもなり、気付きの多い時間となりました。

この本では、小さな家で小さな子どもたちと暮らす私が、少しでもラクに掃除片づけをできるように日々模索しながら実践していることや、狭い家でもすっきり暮らせるように自分なりに工夫していることを書いています。

本当の意味での「家作り」は住み始めてから。
それはきっと誰でも、いつからでも始められることなのだと思います。
子どもの成長や環境とともに変化していくお部屋や暮らし方を楽しみながら、これからも我が家らしい家作りは続きます。
みなさんの暮らしのヒントになるようなことが少しでもあればとてもうれしく思います。

この文庫は5年前の我が家の様子です。子どもの成長とともに少しずつ変化していく暮らしを楽しんでいます。現在の我が家も「文庫特別コラム」として少し掲載しています。

MISA

CONTENTS

和室

キッチン

152
Chapter 3 手間を掛けない掃除方法

Column

※掲載されている情報は、取材時（２０１６年７月）のものです。

※掲載されている商品は、すべて私物であり、どこで購入したかを記載しているものでも、現在手に入らない場合があります。

我が家の間取り図

夫、長男、次男と私の4人暮らし。東向きの3LDK（75㎡）のマンションです。よく見掛ける間取りなので、参考にしていただきやすいと思います。

1

小さな家ですっきり暮らすコツ

　こぢんまりしたＬＤＫの空間では、風通しのよさそうな部屋作りを意識しています。家具をぎちぎちにくっつけて置かない、脚付きの家具を選んで床を見通せるようにする、部屋の角を隠さないなど、視覚的なことで少しは圧迫感を抑えられます。

　また、テレビやネットの配線を収納するために扉付きのテレビボードを選んだり、子どもの幼稚園身支度スペースを押入れの一角に設置したりと、乱れがちな部分は上手く隠すように工夫をしています。

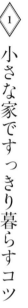

　出しっぱなしは最小限にして上手に収納するようにしてはいるものの、収納スペースにも限りがあります。そこに収まる分を所有し管理すること、それが我が家の身の丈に合った暮らし方なのだと考えます。

　すっきりした空間にいると不要なものが目に飛び込んでこないので、作業に集中でき、仕事もはかどる気がします。それはきっと小さな子どもにも同じことが言えるでしょう。好きな

ドラマを観ながらだと気になって家事の手が止まってしまうのと同じで、お気に入りのおもちゃが目の前にあると子どもの気が散ってしまうのは仕方のないこと。だからこそそれらを一旦視界から外すことによって登園準備や食事に集中してくれるようになり、会話やコミュニケーションも増えると実感しています。
　すっきり暮らすことは、家族の団らんにもよい影響があるのかもしれませんね。

2 暮らしを楽しくしてくれる北欧の雑貨や家具

結婚して2人で暮らしを始めた頃、これからどんな風に家作りをしていこうかとわくわくしていました。

お店やネットで好きな雰囲気のものを見つけては調べて、自分の理想や好みを知る作業を楽しんでいたように思います。

特に惹かれたのがマリメッコの明るい色柄のキッチン雑貨やファブリックでした。そしてそこから興味を持ち始めたのが北欧フィンランドの暮らしです。

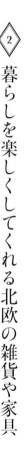

フィンランドは厳しい寒さの冬が長く続くので、1日中薄暗い時期でも家の中で楽しく過ごすためにいろいろな工夫をされているのだそうです。心地よい暮らしって何だろうと考えていた自分にとって、北欧の暮らしには多くのヒントがありました。

小さなマンション暮らしという限られた条件でも、寒い冬や雨の日でも、家の中で家族や友人と心地よく楽しめるなんて素敵！　自分もそう思える家にしたい！　という気持ちで少し

ずつもの選びをしていくことになりました。

　北欧の家具や食器は和のものとも相性がよく、日本の暮らしにすっと溶け込んでくれる魅力があります。

　また、引き出し式のデスクが仕込まれたライティングビューローや、重ねてしまえるネストテーブルなど、北欧家具は我が家のような小さな家にも取り入れやすい、暮らしのアイデアが詰まっているのです。

3 ヴィンテージの家具を少しずつ揃えていく

我が家には北欧ヴィンテージの家具をいくつか置いています。古いものなので状態や価格はまちまちですが、気軽に買えるものでも簡単に出会えるものでもありません。

最初は、長男が我が家の新しい家族になった記念に、1つ家具を迎えようということになりました。

夫と2人、少し遠方の北欧ヴィンテージ家具を扱うお店にまで足を運び、修復前の家具が並んだ倉庫から色褪せたビューローを見つけました。それが我が家で初めて迎えた北欧ヴィンテージ家具です。

リペアをお願いして1ヶ月後、職人さんの手によって命を吹き返したしっとりつやつやのビューローを見た時、なんだかグッときました。古いからこその深い色合いや、古くなっても求められる魅力。自分が歳をとっても、そんな存在であれたら幸せだなぁなんて思うのです。

その後、次男が生まれ、次はチェストが我が家にやってきました。

MY
HOME
INTERIOR

STORY

家具だけではなく、北欧の古い食器には素敵なものがたくさんあります。壁を飾る陶板や、おやつの時間を楽しむプレートやカップなど、小さいけれど生活に華を添えてくれるものたち。

シンプルに暮らしていきたいけれど、ふと目をやるとちょっと気分が上がるような、そんな雑貨や食器は、私の生活に欠かせないものとなっています。

4

散らかっても、すぐにリセットできれば、よしとしています

MY HOME INTERIOR STORY

小さな男の子が2人いる我が家。

散らからないわけがありません。

私は片づけや収納に関することは好きですが、限りあるこの人生の貴重な時間を、片づけばかりに費やすのは、さすがに避けたいです。

家族と暮らしていると、自分が散らかさなくても部屋は乱れていくもの。子どもがいるとなおさらです。

だからこそ、散らかってもリセットできる量（自分のキャパ）を知ることが大事になってきます。

散らかったものを毎日毎日一生懸命片づけることに力を尽くすのではなく、散らかったものを毎日苦なく片づ

けられる量を探っていくのはどうでしょう。

片づけとはただひたすら散らかったものを所定の位置に戻す作業であり、ラッキーなコツや手抜き法なんてなく、結局は散らかるものの量をコントロールするしかない。というのが私の結論です。

我が家では寝る前にその日散らかしたおもちゃを子ども部屋に集めて元の場所に戻すのですが、その時たいてい私か夫のどちらかが子どもと一緒に片づけています。

そこで、散らかす量が子どものお片づけ能力を上回っていると感じた時や、大人が一人で集中して片づけても苦に感じる量になっていた時（片づけ時間は10分が目安です）、おもちゃが多すぎるのだと判断して少し間引いて手の届かないところにしまいます。

おもちゃをたくさん出してあげることよりも、子どもがぎりぎり頑張れる量で「お片づけできた！」を一緒に経験することの方が、お互いうれしいかなと考えました。

毎日毎日繰り返すお片づけ。

それが苦痛なほどに大変なのであれば、実はお片づけが苦手だからではなく、ものの持ち方や収納法に解決のヒントが隠れているのかもしれません。

5 掃除が好きじゃなくても掃除しやすくなるコツ

たとえばふと立ち寄ったお店で素敵なスカートを見つけて、試着しよう！　と思ったとします。ところが今日はハイカットのコンバースの紐をぎゅーっと締めて履いていたことに気付くと、靴を脱ぐのが面倒になり試着を断念するタイプ、それが私です。

恥ずかしながら面倒なことが嫌いで、面倒なことを避けて通る自分の性格をよくわかっているので、暮らしにおいては「面倒なことほど手軽に！」というのが絶対です。だから、もの選びの際にも「お手入れの手軽さ」はかなり重要視しています。

また、生活していく中で面倒に感じたことに関しては、仕組みや収納をいちいち頭をひねって考え直します。「今よりラクな方法がきっとある！」と思うからです。

テプラをコンセントではなく電池にしたり、マキタのコードレス掃除機の充電器を固定で設置してワンステップで充電可能にしたり、油汚れが気になるキッチン周りはものを移動しなくても拭き掃除ができるようにしたり……。

実家はこうだったから、みんなこうしているから、というよりも自分がラクできるやり方を見い出すのが好きなのです。

今は便利な道具や子どもがいても安心して使える優秀な洗剤など、「ラクしてきれいに」を叶えてくれるお掃除グッズがたくさんあります。使う場所に最適なアイテムを選んでパターン化しておくと掃除がとっても手軽になります。

さらに普段の生活のルーティンに、少しずつでも組み込むことができたら、無意識レベルでお掃除できるはず。

そう考えて、食器洗い後のシンク洗いや入浴後の排水溝のひと手間など、ちょこっと掃除を心掛けています。

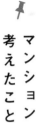

マンション購入の時に考えたこと

「借りられるお金と返せるお金は違う」、マイホーム購入に向けて動き出した私たちが、よく使っていた言葉です。家族が暮らす一生ものの家、と考えると、多少無理してでも精一杯素敵なマイホームを！　と思う瞬間もありました。しかし夫と話し合いを重ねるうちに、自分たちは「家」そのものよりも「暮らし」の内容を充実させていきたいと考えていることに気付いたのです。長い人生、これからもお互いに少しは趣味やオシャレを楽しみながら、たまには美味しいものを食べに行ったり旅行に行ったりしたい。家と暮らしがいいバランスで、贅沢でもないけれど我慢ばかりでもないマイホームが理想。

そういうわけで、最後まで南向きに憧れていた私も、東向きのこぢんまりした間取りで折り合いをつけました。晴れた日には、朝日がサンサンと差し込む我が家の東向きリビング。家族が眩しそうにくしゃくしゃの顔で起きてきて、「おはよう！」と笑うのが好きです。うん、これぞ我が家にとっていいバランスのマイホーム。

Chapter 1

シンプル暮らしと
インテリア

LIVING & DINING

リビング＆ダイニング

リビング＆ダイニングは、大好きな北欧生まれの
家具が揃う場所。落ち着いた木の風合いが
空間のイメージを作り上げています。

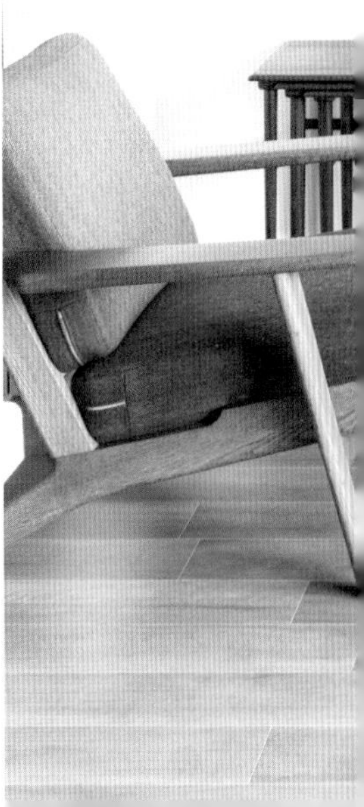

あえて真っ白にはせず 白と木目で温かみを出す

インテリアの色合いは家全体で統一するのではなく、キッチンは白、和室はオーク色など、スペースごとにまとめるようにしています。シンプルでありながら温かみのある雰囲気が理想のリビングは、木製家具のチーク色をメインカラーにして、みんなが心地よくくつろげるように、落ち着いたインテリアを選んでいます。家族内に女性は私１人で子どもたちは２人とも男の子なので、かわいらしすぎないようにするのも気を付けているポイントです。

手狭な空間ですが、収納スペースをきっちり確保することで、使い勝手がよくなりました。家具はいずれも小さ目のサイズを選んでいるので圧迫感はなく、模様替えも気軽に楽しめます。

目線より低い家具を選ぶことで
白い壁に余白を残しすっきりした空間に。

脚のある家具で
床と壁の線を出す

北欧のヴィンテージ家具は脚付きのものが多く、我が家のような狭い空間にも取り入れやすい小さ目のサイズがたくさんあります。種類も豊富なので、デザインと収納力と値段のバランスを見ながらじっくり悩んで決める過程もまた、醍醐味の1つだと思っています。

すらっとした脚付きの家具は、壁と床の境界線を覆うことなく視界が抜けるため、部屋が少し広く見える気がして、我が家にピッタリなデザインだと感じています。

また脚付き家具で揃えると、家具と床の隙間にものが迷い込むこともありません。

そして、いちいち家具を動かさなくてもいいので、部屋全体の床掃除も手軽にできます。

すらっとした脚付きの家具が魅力のデザイン。ちょっと広く見える気がしませんか?
チェスト/カイ・クリスチャンセンのデザインのもの、テレビボード/ SAC WORCSで購入。

狭いダイニングだから照明はシンプルに

お店や雑誌で見て、素敵だなぁと憧れる照明はたくさんありました。しかしどれも我が家の小さなダイニング空間には大きすぎるように感じていました。残念だけど憧れの照明は諦めて、自分の家にしっくりくるものを探してみよう。そうして見つけたのがｍｕｕｔｏのペンダントランプです。

サイズ感だけでなくシンプルで優しいデザインも我が家の雰囲気にピッタリマッチ。ぷっくりした丸いフォルムが温かみを添えてくれます。

複雑な傘がないのでお手入れもラクチンなのがうれしいところ。アルカリ電解水をスプレーしたキッチンペーパーでサッと一拭きすれば、ガラス部分はピカピカになり、気分もシャンとするのです。

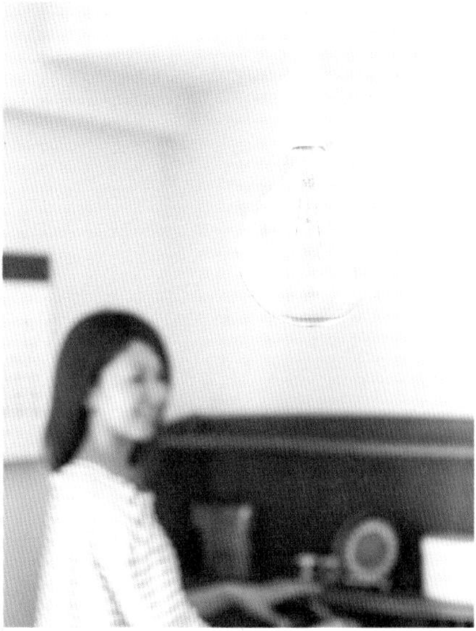

丸っこくてつるんとした形に癒されます。ペンダントライト／muutoのソケットペンダントランプE27。

子どもたちも一緒に書きものをするので、明るさを確保するためにダクトレールを取り付けてスポットライトを併用しています。

広く見せるもの選び

4人家族だけど1人掛けソファ

我が家のリビングには大きなソファがありません。子どもたちが小さいうちは家族が同じ目線で遊べるスペースを少しでも広く取りたいという思いがあり、選んだのは1人掛けのソファ。

狭いリビングに遊びスペースを保つには、このサイズが限界でした。小さなソファですがお互い取り合うこともなく、それぞれのタイミングで上手に活用できていて、家族みんなのお気に入りになっています。

くつろぎ空間というのは、時に人のやる気を吸い取ってしまうものでもあり、主婦業に追われている自分にとっては、誘惑の少ないリビングとも言えるかもしれません。

1シーターソファ／ハンス・J・ウェグナーがデザインしたGE290。

＼子ども2人で
座っていました／

子どもが小さな頃は2人並んで座ると丁度いいソファでした。 子どもたちが寝たあとは、ここで夫の晩酌が始まります。

シンプルな棚の模様替えを楽しむ

リビングの壁に設置しているのは、細いフレームがはしご状になっているすっきりしたデザインのウォールシェルフ。実はこちらのシェルフ、複数で使うと自在に連結や拡張が可能で、我が家は縦に2つ繋げています。棚板は5㎝間隔で移動できるのでレイアウトの幅も広がり、背面が白だと木の雑貨もよく映えて、ビューローに飾るのとはまた違った雰囲気を楽しむことができます。

レイアウトの変更は、季節の変わり目だったり、停滞した気持ちのリフレッシュとしてすることが多いです。たったこれだけの限られたスペースですが、大切にしている雑貨や食器を並べたり拭いたりしていると、少しずつ心にゆとりが戻ってくる気がするのです。

ウォールシェルフ／stringの
ストリングポケット

気分に合わせて
模様替え

ウォールシェルフの模様替えはいつでも気軽に楽しめるのがいいところ。

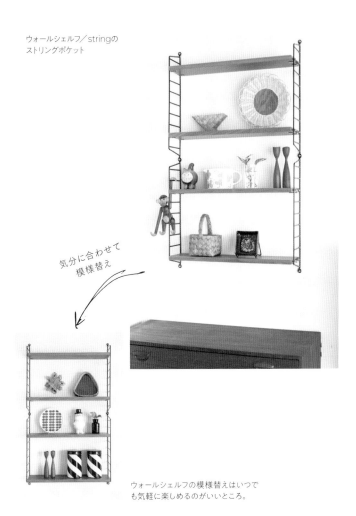

家具は私1人でも動かせるように

我が家の家具は小さなサイズのものが多いので、引き出しや中身を出したら1人でも簡単に本体を動かすことができます。そのため模様替えはいつも私1人でやっています。中身を出したら本体を持ち上げるよりも、そのまま押したり引いたりして引きずるのがいちばんラクチン。

家具の脚裏には引きずっても床が傷付かない少し厚めのクッションフェルトを貼っています。すべり効果もあるので軽い家具の移動なら簡単にできます。ニトリのクッションフェルト4種類セットがサイズ違いで分けられていて、ほどよく厚みもあり本当に便利。ダイニングチェアや床置き植物の底にも貼っておくと安心です。手軽に家具の配置替えができると念入りな掃除や家具のお手入れもラクになりますよ。

椅子の脚に
クッションを

愛用家具の脚裏に合う形のフェルトシールを持っておくとカットの手間が省けて便利！ 脚の裏のほこりを取るタイミングで確認して、すり減っていたら交換。

クッションフェルトセット／ニトリで購入。

植木鉢の底にも
クッションを

部屋に置いている観葉植物（ベンガル菩提樹）の鉢受けの裏に貼って、日光浴させたい時は押して動かせるようにしています。

好きな生地を合わせて クリップで吊るすだけ

カーテンはゆっくり選びたかったので、入居後しばらくはすべての部屋の窓には手持ちの布を吊るして代用していました。しかし結局、大きな窓のオーダーカーテンとなるとなかなか高価で、そのわりに気に入るものも見つけられなかったので、持っていた北欧の古い生地をリビングダイニングのカーテンに仕立てることにしました。寸法合わせのため2種類の生地を繋げたつぎはぎカーテンですが、なかなか気に入っています。入居前に焦って買わずによかったと感じています。

before

入居してしばらくはこんな風に寸足らずの布をカーテンとして代用していました。

カーテンレールに引っ掛けてクリップで生地を挟むだけでOK。カーテンクリップ／カーテンショップさくらんぼで購入。

生地を挟むだけで
カーテンに！

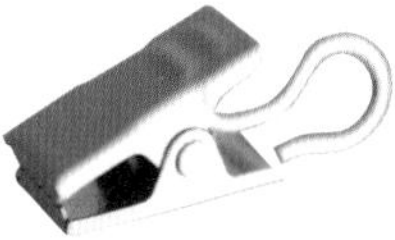

2枚の生地を直線で縫い合わせただけのオリジナルカーテン。北欧ヴィンテージ生地／上：VUOKKOのJATTI-RUUTU-73、下：マリメッコのLOKKI。

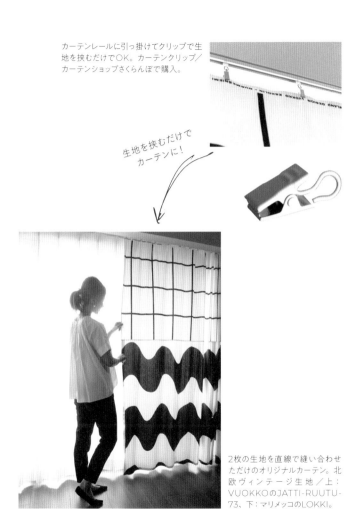

ヴィンテージ家具は子どもの誕生の記念に

私や妹が生まれた時、実家の父が庭に記念の木を植えてくれました。私にはしだれ桜を、妹にはユスラウメを。「みさの桜が今年もきれいに咲いたよ」と言われるとちょっぴり誇らしい気持ちになったものです。自分の年齢と同じ年月を経たものが家にあるのってなんだかうれしいなと感じていました。

そんな思いから長男の誕生記念に、なにか家具を迎えようということになりました。その時選んだのがデンマークの古いライティングビューロー。親になったばかりの私と夫が、少し特別な気持ちで買いに行った思い出の品です。次男の誕生記念には４段チェストを。

お手入れしながらいつまでも大切に使っていきたいものたちです。

家具用のオイルを塗ってお手入れするとつやつやに蘇ります。メンテナンス面で困ったことがあれば購入したお店に相談することもあります。ライティングビューロー／デンマークのヴィンテージ。

お花を飾ったり

もらったブーケを透明のグラス複数に挿したりすることも。

FIND VINTAGE FURNITURE SHOPS

大好きな
ヴィンテージ家具のお店

ヴィンテージ家具は一期一会ではないでしょうか。同じデザインを見つけること自体難しい家具もありますが、それぞれに木目の出方や色合い、使い込まれた雰囲気、状態の良し悪しも全然違うもの。コレだ！ という素敵な出会いまでのわくわく感も、楽しいもの選びの時間だと思っています。ここでは、これまでに我が家がお世話になったお店を少しご紹介します。

SHOP

01 コンフォートマート

https://www.comfort-mart.com

ライティングビューローを購入したお店。5年前に訪れた時は修復前の家具がぎっしりつまった大きな倉庫を見せてくださいました。お店のHPには古い家具への想いや修復までのことが詳しく書かれています。家具の修理もお願いできると思うと安心して購入できます。

SHOP

02　ハミングジョー

https://www.hummingjoe.com

いつか福岡の実店舗まで訪れてみたいと思っているお店です。コンディションのいいものを選んで買い付けているので、1人掛けソファが届いた時には状態のよさと値段とのバランスに驚きました。購入前の問い合わせにも丁寧に対応してくださいました。

SHOP

03　こまものと北欧家具の店 salut

https://www.salut-store.com

こちらのお店のウェブショップは商品数は多い方ではないのにとても見応えがあります。店主さんのセレクトされる家具がどれも素敵で、家具の見せ方にもセンスが光っています。商品ページは細かく丁寧でわかりやすく、真摯な気持ちが伝わる信頼できるお店です。

SHOP

04　haluta（ハルタ）

http://www.haluta.jp

長野に拠点のあるお店。ウェブショップの商品数と種類がとにかく豊富で、見ているだけでも楽しめます。こんなのが欲しい！ というヴィンテージ家具があれば、出会える確立が高いかもしれません。ヴィンテージのドアや窓枠、什器など、珍しくてかわいいものもたくさん。

暮らしを彩る愛用品は
デザイン＋機能性で選ぶ

シンプルで飽きのこないデザインが好き。
でもどこか我が家らしい、私っぽいものを選びたい。
見た目だけでなく、使い心地のよさも外せない。
そんな視点から少しずつ集めてきた、
お気に入りのものたちをご紹介します。

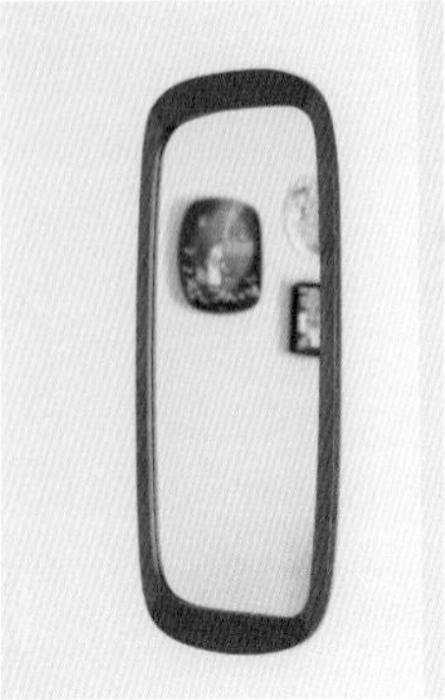

MIRROR

チークの姿見

身だしなみチェックに便利なだけでなく、空間に奥行きを持たせ、広く見せる効果も。デンマークのヴィンテージ／北欧ヴィンテージショップで購入。

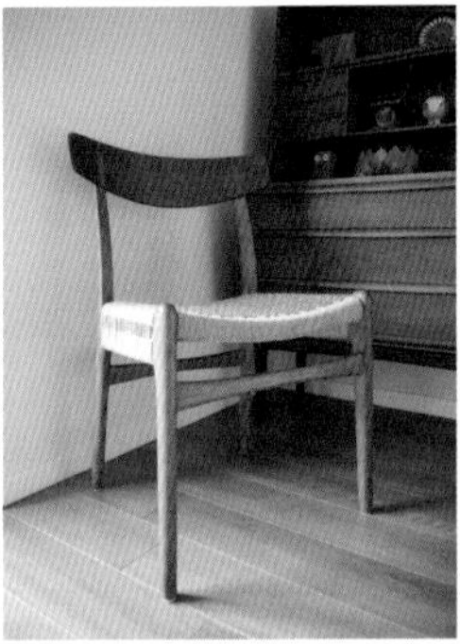

CHAIR

ヴィンテージのチェア

張り替え可能なペーパーコードの座面は、座り心地も抜群。ハンス・J・ウェグナーがデザインしたCH23／北欧ヴィンテージショップで購入。

BOARD

壁掛けの陶板

シックなカラーの陶板は白い壁に映え、空間を引き締めてくれます。虫ピンで簡単に壁に飾れるのも◎。左上:ニモール、左下：ロールストランド、右：アラビア（すべて北欧ヴィンテージ）／北欧雑貨店で購入。

CALENDAR

壁掛けカレンダー

無垢の木組みのシンプルなカレンダー。毎年リフィルを交換するだけでOK。オリジナルカレンダー／北の住まい設計社で購入。

DESK

小引き出しがある家具

三段の小さな引き出しのデザインにも惹かれたビューロー。浅い引き出しは細かいものの収納にも便利に使えます。デンマークのヴィンテージ／北欧ヴィンテージショップで購入。

CLOCK

壁掛け時計

直径36cmの時計は文字盤も大きくてどこからでも見やすい。カチカチ音がしない連続秒針のものを選びました。IDEA LABELのウォールクロック／unicoで購入。

TOASTER

縦型トースター

小さなキッチンには省スペースな縦型が助かります。食パンが2枚同時にきれいに焼けて、電子レンジと高さもピッタリ。±0オーブントースター縦型。

CHRISTMAS TREE

1m 以下の
クリスマスツリー

1m以下の小ぶりだけど満足な質感とボリューム。狭い部屋でも無理のないサイズで楽しんでいます。RS グローバルトレード社のクリスマスツリー90cm。

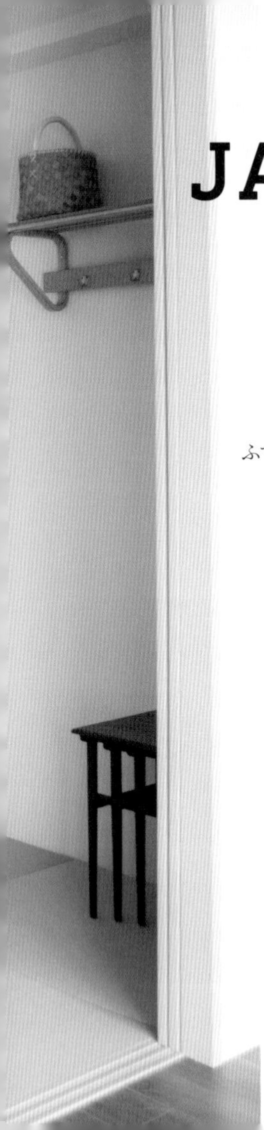

JAPANESE ROOM

和室

リビングに隣接した4.5畳の和室。
ふすまを開け放って、一続きの空間に。
北欧家具と組み合わせて、
私なりに和室を楽しんでいます。
押入れは使い勝手のいい
収納として活用するために、
扉を外してカーテンにしました。

使いやすくDIY

使いにくさを感じた扉は思い切って外してみる

もともと押入れに付いていた観音開きの扉は開閉が面倒で、入居後に間もなく取り外しました。代わりに伸縮式のカーテンレールを取り付けて好きな生地を吊るしています。

大きな収納スペースが少ない我が家にとって、ここはとても貴重な空間なので、使い勝手が最優先。右側にも左側にも全開できることで使いやすくなり、湿気もこもりにくいです。

来客時にも開ける機会が多いので、すっきり見えて快適な収納を心掛けています。

before

入居当初は観音開きの扉が付いていました。外した扉は夫のスーツラックの背面に立てて保管しています。

JAPANESE ROOM

子どもがカーテンを引っ張っても安全に使えるようにビス留めの伸縮式レールを採用しました。

ちょっとDIY

出し入れがおっくうにならない

開けっぱなしでも気にならない、お部屋の延長のような押入れ。サッと全開できるカーテンだと出し入れもラクラクです。

使いやすくＤＩＹ

押入れのカーテンを タペストリー感覚で楽しむ

押入れの目隠し布はカーテンクリップに挟んで吊るしているだけ。簡単にチェンジできるので季節や気分に合わせて楽しんでいます。

基本的には色が2色までの落ち着いた柄を選ぶことが多く、規則性のあるデザインが特に好みです。和室はものも少なく特にシンプルな空間なので、布1枚で雰囲気がぐっと変わって気分もリフレッシュ。

扉の代わりのカーテンがタペストリー感覚になりました。

冬は畳の上にカーペットを敷いています。また雰囲気が変わります。

季節によって替えています

入居してすぐはダイニングのカーテン代わりに使っていた格子柄の布。規則性のある柄は折ったり縫ったりもしやすいです。

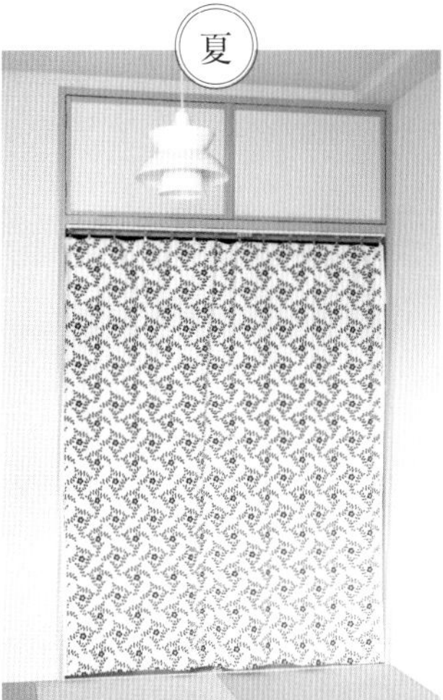

数年前にIKEAで購入した、青い花柄の布。夏の和室によく似合う涼しげなかわいらしさが気に入っています。

使い回しのきく家具を選ぶ

狭い部屋では、使い道を限定しない家具選びが重要だと思っています。ものを増やしすぎず、快適に生活したいのでいつも慎重に選びます。3つのサイズのテーブルがセットになったネストテーブルは、使い回し家具の優等生。重ねたままでも1つずつに分けても使えて重宝しています。

たとえば和室に置いて、お客さんの荷物置きに。ソファに座ってコーヒーを飲みたい時には、サイドテーブルにもなるし、模様替えをして室内がさみしく感じたら、花台として使うこともあります。入れ子になる仕組みが省スペースなうえに、見た目よりずっと軽くて簡単に持ち運べるのもフレキシブルに使いやすいポイント。和室とリビングを中心に、家中で活躍しています。

大中小3つのテーブルが重ねてあるので、コンパクトながら、使い道はたくさんです。ネストテーブル／デンマークのヴィンテージ。

ものを掛けられる場所を作っておくと便利

入居時、ハンガーを掛けられる場所がどこにもなくて不便だったので、和室の入り口にコートハンガーを設置しました。来客時には上着やバッグを気軽に掛けてもらえる場所ができ、生活の中では洗濯ものの部屋干しや脱いだ洋服の一時置きとしても活用しています。

ａｒｔｅｋのコートハンガーはよく考えられたデザインで、壁側に3つのフック、手前にはバーがあり、上の棚にはものが置ける造りになっていて、いろいろな用途に対応できる優れもの。さらに、壁付けの家具なので床面積を取られないのがうれしい。基本的に洋服の掛けっぱなしやものの置きっぱなしはせずに、いつでもなんでも掛けられるようにスタンバイ状態にしています。

洗濯ものの部屋干しに

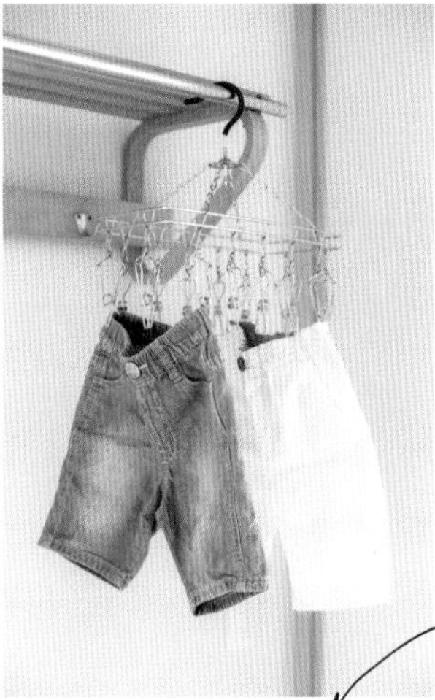

ピンチハンガーを使って部屋干ししたい時に。手前のバーに引っ掛けると壁と接触しないので濡れたものでも安心。

来客の上着掛けに

部屋のどこからでも目に入る場所なのでいろいろ掛けても忘れにくい。ハンガーは押入れ内に常備してサッと掛けられるようにしています。コートハンガー／artekのヴィンテージ。

カゴの中身は子どもにいたずらされたくないものを入れています。

我が家の愛用品

キッチン周りの
シンプルな白黒アイテム

出しっぱなしでもうるさくならないモノトーン。

ITEM
01

日めくりカレンダー
(Ajasto)

フィンランドの日めくりカレンダー。シンプルで数字が見やすい。

ITEM
02

ティーカップ&ソーサー
(Arabia/kartano)

控え目でシンプルなデザインがどんなプレートとも相性抜群。

ITEM

03

白いプレート
(iittala/Teema 21cm)

丈夫で使いやすいティーマの白いベーシックなプレート。

ITEM

04

ティン缶
(marimekko)

キッチン周りでは紅茶の葉やコーヒースティックなどの保管に便利。

ITEM

05

ムーミンマグ
(Arabia/Muumin)

数あるムーミンマグの中でもいちばんシックなムーミンパパのマグ。

ITEM

06

BK パラティッシオーバルプレート (Arabia)

どんなお料理も盛り付け上手に見せてくれる不思議議な絵柄。

19

KITCHEN

キッチン

白くて清潔感のあるイメージで、背面収納を考えました。オープンカウンターでもすっきり見せる工夫をしています。

カウンターが片づいていると部屋全体がきれいに見える

実は入居時、オープンフラットなキッチンに不安を感じていました。私はここをきれいに保てるのだろうかと。ところが生活を始めてみて気付いたのは、カウンターがすっきり片づくだけで部屋の印象がガラッと変わるということ。リビングにおもちゃが散乱していても、テーブルの上にクレヨンが転がっていても、白いカウンターさえすっきりしていれば、我が家はなんだか素敵に見えたのです。

それが私のモチベーションとなり、キッチンだけはできるだけその状態に戻すことを意識するようになりました。使ったものを片づけること、カウンターを拭いてきれいにすること、それらを少しでもラクにできるように動線や収納を考え、出しておくものを最小限に抑えています。

使いやすくＤＩＹ

自分たちで組み立てた ＩＫＥＡの背面収納

キッチンの背面収納を決めたのは、入居してから1年近くたった頃のこと。それまではあり合わせの棚や引き出しを組み合わせて、どれくらいの収納があればやっていけそうか探りつつイメージを膨らませていました。

そうして最終的に選んだのが、このシンプルな白い棚。落ち着いた雰囲気の家具が多いリビングダイニングとは対照的に、爽やかで清潔感のあるキッチンにしようと考えました。上部の壁には3枚の白い棚板、その下には腰の高さほどの引き出しを設置。材料はすべてＩＫＥＡで調達しました。自分たちで組み立てて設置したので、予算の3分の1で完成！　組み立てるのは面倒ではありますが、構造を把握しておくと、今後また手を加えやすいというメリットもあります。

before

しばらくは引っ越してくる前の家で使っていた棚を置いていました。

オープンシェルフ ならではの魅力

オープンシェルフは、ワンアクションで使って戻せるのが便利です。また、使用頻度の高いシンプルなプレートを並べておいたり、来客前にはマグのセットを用意しておいたりと、気軽にレイアウトも変えられます。ものを寄せれば、お料理の一時置きにも使えて、時には第2のカウンターのような役割もしてくれます。
収納スペースを増やすことだけにこだわらず、レイアウトも楽しめる、使い勝手のいいキッチンです。

すっきり暮らす工夫

水切りカゴも洗い桶もない生活

我が家には水切りカゴがありません。

もともとシンク上に備え付けられていた取り外し可能の水切りラックを活用しています。深さのないラックなので最初不安があったのですが、あっという間にコツを掴んで快適に使いこなせるようになりました。シンク上に水切りがあるとカウンターが広く使えるだけでなく、いろいろと便利なことがあります。洗った野菜の入ったザルをそのまま置いて水切りできたり、少し冷ましておきたいものを置いたりも。シンクを広く使いたい時は取り外しますが、厚みがないので立て掛けておいても省スペースです。

ちなみに洗い桶もないので、必要に応じて大き目のお鍋やボウルで代用しています。

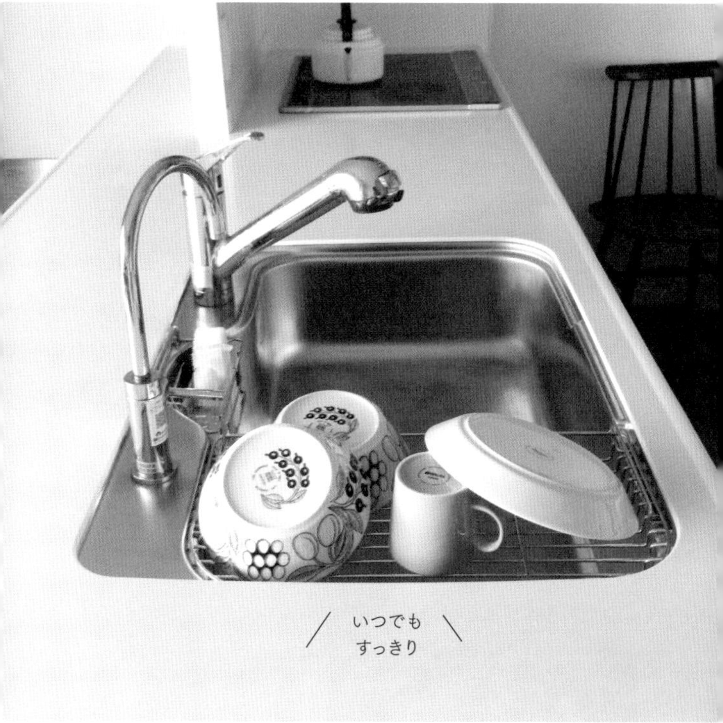
いつでも
すっきり

カウンターに出ていないものはどこに？

調味料や調理器具など、出しておくとどうしても油汚れやほこりの問題が。お掃除の手間を省くために引き出しの中に定位置を作りました。それぞれが出し入れしやすい場所を選んで定位置を決めたので、出しっぱなしよりもずっと快適になりました。

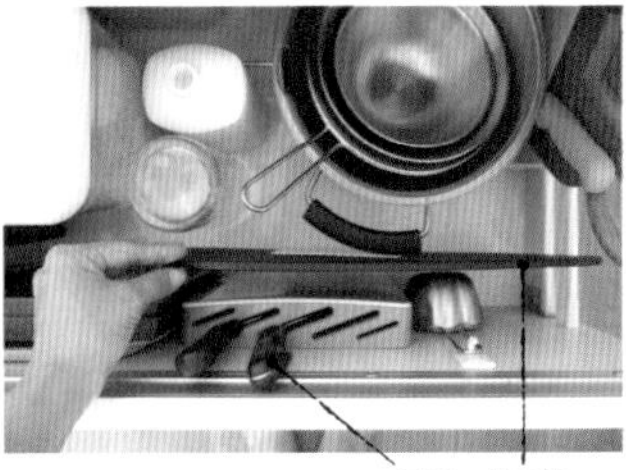

包丁　まな板

まな板、包丁

まな板と包丁をセットでしまえば、使う時もワンステップで出せます。

砂糖や塩などの調味料

IHコンロで調理しながら右手でさっと取り出し、しまえる場所に集結。

キッチンペーパー

たたみ式のキッチンペーパーは、引き出しに入れても片手で1枚ずつ引き出せます。

出しておくものは白に統一

出しておいた方がラクチンなものは、汚れに気が付きやすくて清潔感のある白いアイテムにしています。

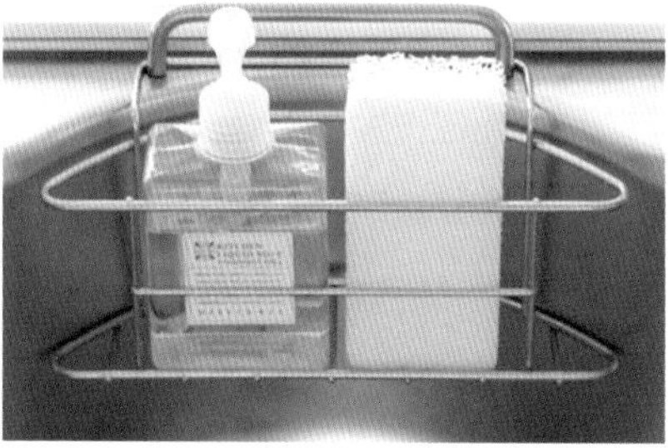

スポンジ

水切れのいい白いスポンジを使っています。無印良品の三層スポンジ。

野田琺瑯のケトル

白いケトルは時々重曹でお手入れ。野田琺瑯のアムケトル。

丁寧に使っていきたいと思えるものを持つ

キッチンの端には、備え付けの収納庫があります。奥行きがわずか20㎝と浅いのですが、マグやグラスが前後2列にピッタリ収まり、一目でわかりやすく出し入れしやすいスペースとなっています。お気に入りのケーキプレートやカップ＆ソーサーなどもここに。大切だからこそ収納を整えて丁寧に使っていきたいと思える食器たちです。毎日開ける場所なので、扉裏には子どもの幼稚園の予定表などを掲示しています。

扉の裏も
活用しています！

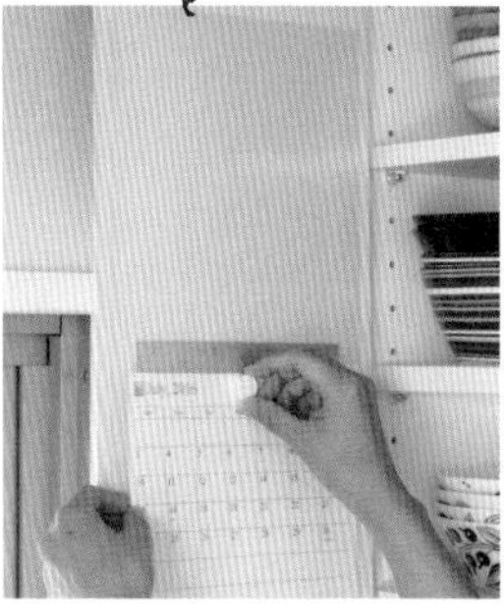

扉裏はクリアファイルを貼り付け、子どもの園のカレンダーを差し込むようにしています。マグネットゾーンも欲しいなと考え、ファイル内に薄い鉄板を挟みました。

キッチンの細々したものは
カゴに入れて見た目すっきり

昔から木のカゴが好きです。我が家にあるのは白樺カゴ、モミの木カゴ、籐のカゴなど。インテリアとして楽しみながら収納にも便利。

中身は鎮痛剤などの常備薬が入っています。子どもに処方された薬もここで管理。

IHコンロの換気扇の上にもカゴ

本来はものを置く場所ではないのですが、自己責任で軽いものを置いています。子どもの手が届かない安心な場所なので、隠し場所として使うことも。

カゴを活用

キッチンペーパーの
ストックを常備。

たまにしか使わない
自分のお弁当箱やストロー。

3段目右の小さなカゴには、鍵やシャチハタを入れて、宅急便などにすぐ対応できるようにしています。

毎日使う子どもの
お弁当箱と水筒。

カゴ自体が軽いので高い場所に置いても上げ下ろしがラクです。頻繁に出し入れせずほこりが気になるカゴにはIKEAのペーパーナプキンを掛け、拭き掃除のタイミングで新しいものと交換。時々天日干しして清潔に。

WASHROOM

洗面台

洗面台や脱衣所は生活感が出るところ。
でもちょっとしたアイデアで、
すっきりと清潔感のある空間になります。

使いやすくDIY

無印良品のファイルボックスを横に並べて白い壁のように

洗面台横には造り付けの稼働棚があります。壁一面のオープン収納は、無意識につい
ものを置いてしまうため、ごちゃごちゃしがちなスペース。だからこそものの定位置を
しっかり決めて、使いやすく乱れにくい収納を考えました。スペースを有効に使えて、
かつすっきり清潔感のある空間にしたい。その想いを叶えてくれたのは、意外にも無印
良品の定番の白いファイルボックスでした。奥行きの浅い棚でも横向きになら置けます。
白い壁にすっと馴染んで、高いところに置いても圧迫感がないのがうれしい。中身はカ
ラフルな洗剤やティッシュのストックなどいろいろ。脚立を使わなくても手が届く高さ
にしているので、上げ下ろしも面倒になりません。

幅34 cm奥行き19 cmの稼働棚。そこに無印良品のポリプロピレンファイルボックス・スタンダードタイプ・ワイド・A4・ホワイトグレー（幅15 cm）を横向きに置くとピッタリ。

※現在の収納とは異なります。

タオルは同じ種類にするだけでオープン収納でもきれいにまとまる

結婚当初からタオルは同じ種類のものをまとめて購入するようにしています。それだけで「ホテルみたい！」と驚かれるから不思議です。色や形が揃っているだけで多少雑に置いても空間がまとまり、ラクしてきれいに整うのです。使っている3種類のタオルは棚の奥行きに合わせて畳むとよりすっきり。オープン収納にしているので入浴後の濡れた手でもワンアクションで取れて、洗濯乾燥後も畳んだらサッと置くだけです。

美しく見える タオルの 畳み方

ミニバスタオルはまず4つに折り、そのあと3つ折りしたら奥行きとピッタリ。棚の幅に揃えて畳むときれい。

HAND TOWEL

ハンドタオル

ハンドタオルは無印良品のオーガニックコットン混しなやかハンドタオル。定期的に開催される「無印良品週間」や商品入れ替え時の「お手頃価格になりました」でまとめ買いしています。

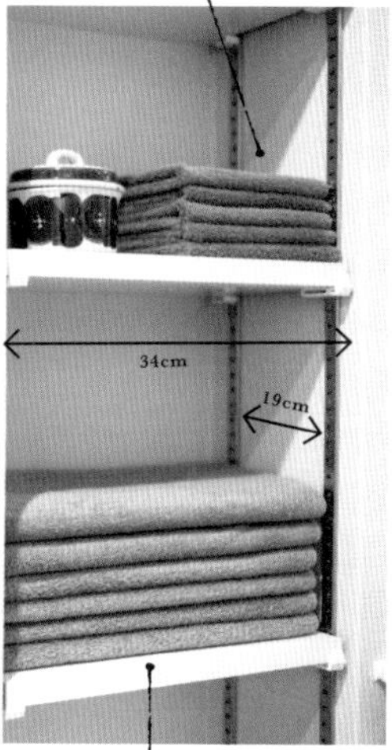

MINI BATH TOWEL

ミニバスタオル

普通のミニバスタオルは、100×50㎝ですが、SCOPEのものは100×63㎝。そのサイズ感が気に入っています。SCOPEの house towelミニバスタオル（トープ）。

FACE TOWEL

フェイスタオル

一般的なタオルよりも少し長い1m。SCOPEのhouse towelフェイスタオル（サンド）。

Chapter 2

散らかっても10分で片づけられる整理収納術

Tyding up my LIVING

リビングの整理収納

すっきり暮らす工夫

一度散らかっても10分以内で片づく仕組み

リビングは家族全員が集まるところなので、散らかるとあっという間です。特に子どもたちが遊び始めると！　でも家族が楽しく過ごす時間に、「片づけて」と連呼はしたくない。そのため、「散らかっても、10分で片づけられるお部屋」を意識しています。

まず散らかったものを、戻す場所を決めています。そうすると、使い終わって片づけようとした時に、「どこにしまおう」と悩まず、「これは、ここ」「これは、あそこ」と自動的に体が動きあっという間に片づけることができます。

リビングは家族共有のものを置いているので、収納ケースにはラベリングをしたり、引き出しはみんなが使いやすい配置になるようにしたり、意識しています。

①
テレビボード左側

我が家でパッと使いたいものが集合

テレビボードは引き戸のため、外側（両サイド）に
使用頻度の高いものを収納しています。
そうすることで扉の開け閉め距離が最小限で出し入れできます。

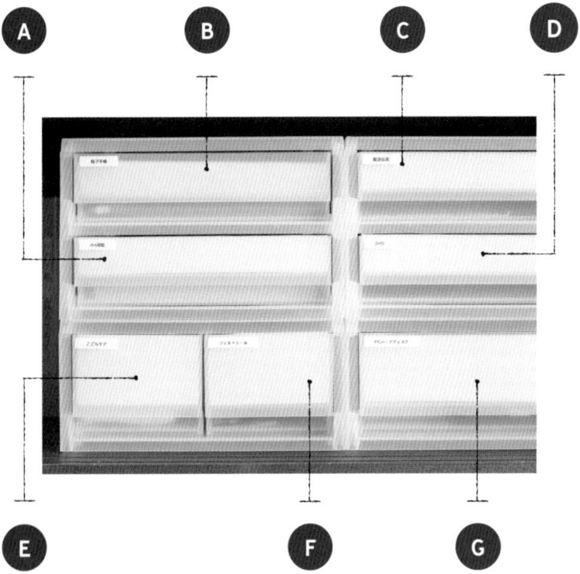

A　A4用紙

印刷紙500枚入りを開封し、一度に収納できる引き出しです。子どもたちのお絵描きにも使っています。

B　母子手帳と診察券

半透明のポーチに長男次男それぞれの母子手帳と診察券を入れています。病院はもちろん、外泊時などにも忘れず用意しやすい場所です。

C　配送伝票

洋服などを手放すツールの1つとして利用しているオークション。思い立ったらすぐに発送できるように準備しています。

D　DVD

子ども用のDVDの保管場所。ファイリングもできるDVDリフィルで収納しています。ケースが割れるストレスもなく省スペース。

E　子どもケア

子ども用の綿棒や日焼け止め、保湿クリームなど、お出掛けやお風呂上りにさっと使えるように、出しやすい場所に置いています。普段のお手入れ（ラグに寝転んで耳のお掃除など）もすぐにできます。

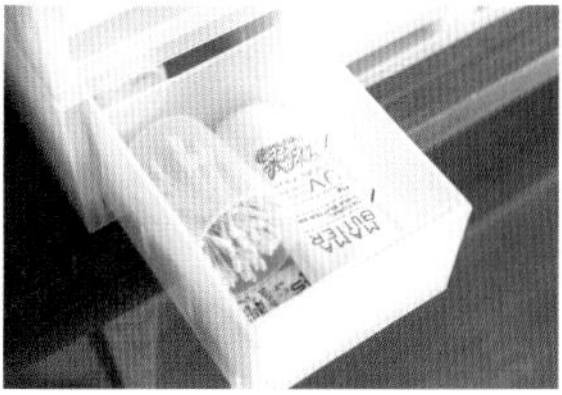

F　フェルトシール

家具の脚裏に必ず貼っている傷防止フェルト。お掃除で、汚れが気になった時にすぐ貼り直せるようにしています。探さずに済むからこまめに取り替えられます。

G　PCハードディスク

以前使っていたPC用の外付けハードディスク。昔の写真や動画をここで保存。

2

テレビボード右側

リビングの機器類をまとめて収納

DVDデッキだけでなくインターネット関連機器も
テレビボード内にまとめて収納しています。
中で電源タップを配線して、コードレスクリーナーの
充電スペースにもしました。

ごちゃつく配線の収納を考えて選んだテレビボード

配線を収納できるとテレビ裏がすっきりするだけでなく、
ほこりが軽減されるので掃除もラクです。

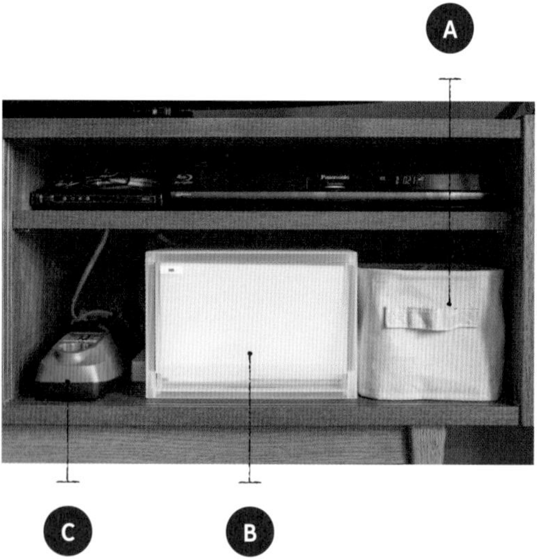

A おむつの収納

テレビボードの位置は暮らしの動線の中心とも言えるため、1日何度も取り替えるおむつの収納にはベストな場所でした。

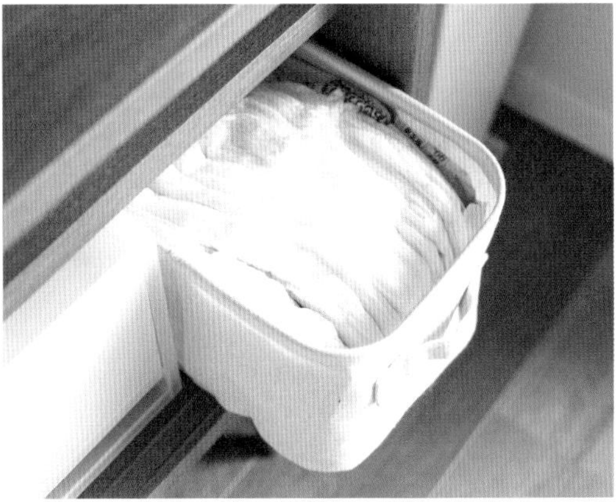

つかまり立ちにもちょうどいい高さ

おむつがパンツ式になってからは、子どもがつかまり立ちできる場所をおむつ替えスペースにすると便利です。

B 掃除関連のアイテムをまとめる

引き出し収納には2種類の掃除機のフィルターやクイックルワイパーシートなど、お掃除関連のアイテムを入れています。テレビ周りはほこりが溜まりやすいので気になったらシートで拭き取り、そのまま飾り棚やライトなどほこりが溜まりやすい部分を順に回ります。最後は窓の桟や玄関の溝などを拭って使い切ったらあとは捨てるだけ。

C すぐに充電できる仕組みに

コードレスクリーナーはとても便利ですが、充電器を出したりしまったりするのが面倒だったので、テレビボード内に充電スペースを設けて、常にセッティングしておくことにしました。スイッチ式の電源タップに繋いでおけば、充電する時だけスイッチオン！　終わればオフにするだけなので充電がぐっと手軽になりました。

コードの配線をすっきりまとめると、部屋に入った時の印象が変わる

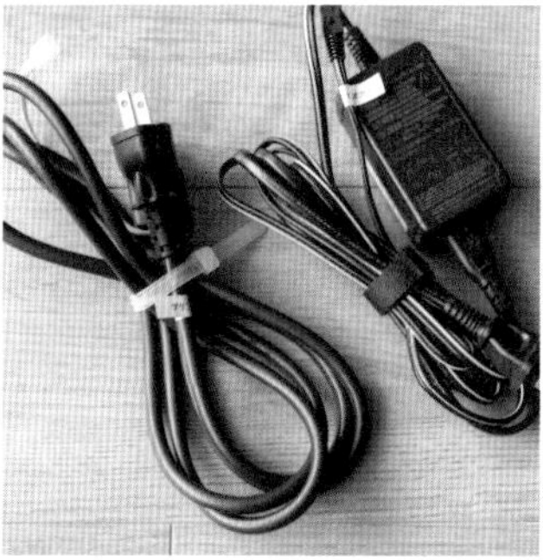

ラベリング

テプラでラベリングしておけば同じようなコード類も何のものか一目瞭然。保管時は100円ショップの結束バンドを使用すればすっきり省スペースに収まります。

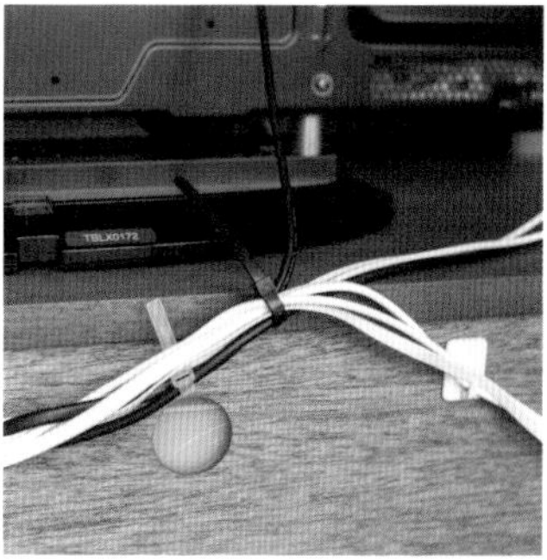

結束バンド

テレビ裏の配線コードも結束バンドでまとめると見た目すっきり&掃除がしやすいです。100円ショップのフックを使ってコードが床につかないように浮かせておくと、掃除機の邪魔にもなりません。

3

チェスト

家族それぞれの持ちものを置ける場所

リモコン、カメラ、ビデオカメラなど

リモコンをおもちゃにされたり、どこかに持っていかれたりすることが多かったので、使わない時は引き出しにしまうようにしました。エアコンのリモコンは引き出しに入れた状態でも作動できるようになっています。

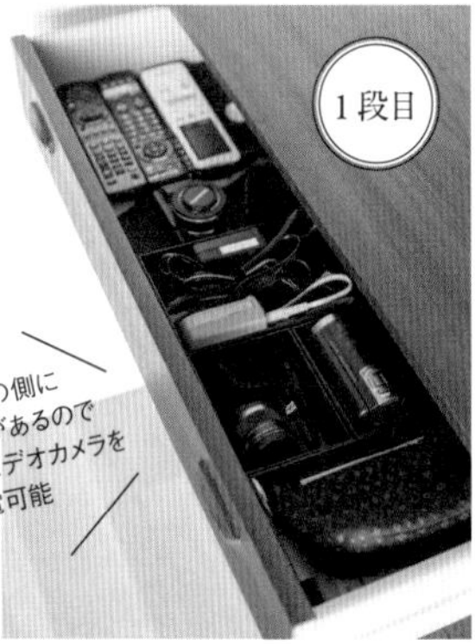

チェストの側に
コンセントがあるので
この場所でビデオカメラを
充電可能

子どもの書類

幼稚園からの急ぎのお知らせや月間予定表はキッチンに貼っていましたが、年間予定表や保管用のプリント類はここに。整理はまめに行い、不要になったプリントは順次処分しています。

夫専用引き出し

リビングに夫専用の引き出しを作ったことで、片づけがラクになりました。郵便物や小物など、夫不在時にもとりあえずの保管場所になります。引き出し1つ分の整理はゴールが見えやすく取り組みやすいのもメリット。

3段目

4段目
一時的なものを置ける
「フリースペース」が
おすすめです

フリースペース

我が家の必須、フリースペース。想定外にものが増えたけど収納場所の確保が追いついていない場合などに便利です。季節の変わり目や新しい年度の切り替え時期など、ものの量を確定しにくい時にも役立ちます。

ラベリングを手軽に 続けるために

ものの定位置を決める時、文字を打ち込むだけでシールのできるテプラがとても便利。収納ケースの中身を変えたら、同時にラベルも貼り替えるので、すぐに作業に取りかかれるようにしました。

1

すぐ取り出せる場所に収納

すぐに出せる場所に置いておかないと「またあとで」とついあと回しにしてしまうので、押入れ収納のオープン棚にスタンバイ。目に入りやすい場所に置き、ワンアクションで作業に取りかかれるようにしています。

2

電池使用に

家中のあらゆる場所で使うので、コードは使わず電池で使用。コードレスというだけでテプラがぐっと手軽に！　購入してから6年以上経っても、まだ一度も電池交換せずに使えます。

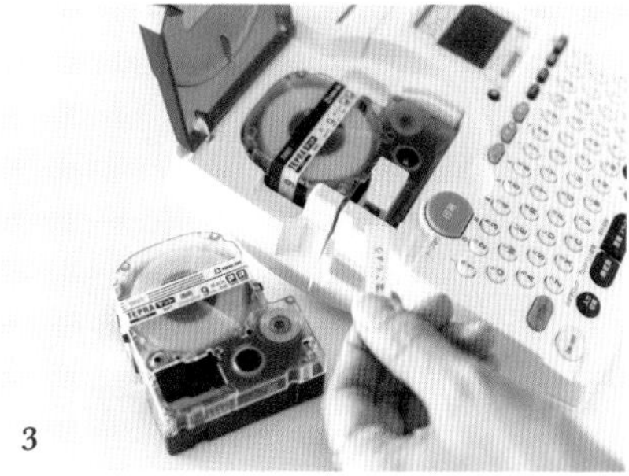

3

白と透明があればOK

テープ幅やカラーを豊富に選べるテプラですが、我が家では白と透明マット(9㎜幅)のものを愛用。

Tyding up my DINING

ダイニングの整理収納

自分時間に使うものを収納

ダイニングには基本的に私の持ちものを収納しています。ビューローの中身は細々とした文具や裁縫道具、趣味の古布など。

ダイニングの端に座ってテーブルで作業することが多いので、自分時間でよく使うものを手の届く範囲に置くようにしています。端に座るとリビングと和室が見渡せて、子どもたちの様子を見守りながら作業ができるのも安心。今の生活ではリビングでくつろぐ時間が少ない分、ダイニングのチェアが安らぎの場所になっているような気がします。壁には姿見やカレンダー、この一角は自分の快適度を優先しています。

ダイニングは家族で賑やかに食卓を囲む大切な場所ですが、私にとっては「自分と向き合う場所」でもあるのです。

1

ライティングビューロー

大切なものを使いやすく収納

アクセサリー収納

小さな引き出しに、無印良品のベロア内箱仕切りを組み合わせています。すぐ横の壁に姿見があるので、アクセサリーの付け外しはダイニングですることが多いです。

1段目

格子の仕切りを使って、夫のカフスボタンや私のブローチなどを収納。

2段目

格子の仕切りにピアス、ネックレスを、リング用に指輪を収納。

3段目

時計、ブレスレット、お手入れ用のクロスとブラシも一緒に入れています。

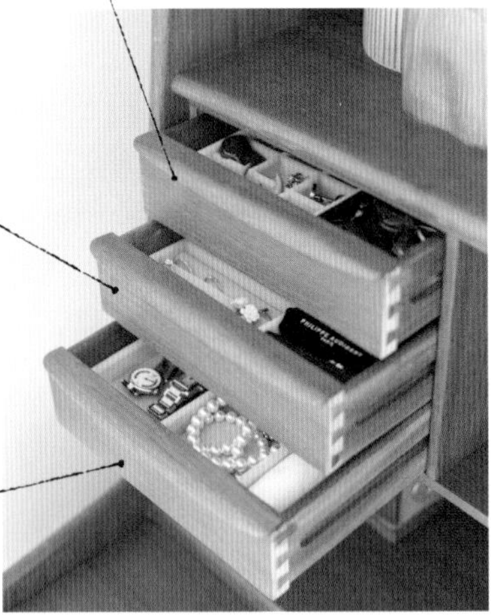

白いシェーカーボックス

携帯バッテリーと充電ケーブル、データ入りの旧iPhoneを収納しています。ケーブル関係は基本的にコンセントの近くが定位置です。

ノートにメモしながら収納やレイアウトを考える

こんな風にしたい、ここを変えたら便利になりそうと、ふとした時間に妄想を膨らませることが多いです。だけど頭の中で描いただけでは、子どもの食べこぼしを拭いてるうちにすっかり忘れてしまうことも。そこで取り入れた「書く」というアナログな作業。頭の中がすっきりまとまってくるので不思議です。

②

オープンシェルフ

リビングにあると便利な細々したもの

A メイク道具はカゴの中のマリメッコのポーチに入るだけと決めて収納。上には大好きな北欧ヴィンテージの布を掛けてほこり除けに。オープン棚からポーチを取り、鏡を向けば、すぐにメイク開始です。

ポーチに入るだけと決めています

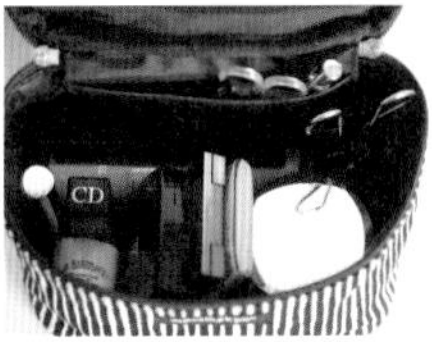

B 電動自転車の充電はカゴに入れたままでできる

カゴの中から配線を引っぱり、コンセントに差し込んだら準備完了。カゴに入れたままバッテリーをセットできるので充電器の出し入れは不要です。充電完了後、バッテリーは忘れないように玄関へ。充電器には布を掛けてカゴを元の位置に戻します。

充電中です

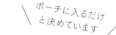

メイクは素早くできるように動線を短く

自然光の入るダイニングで、子どもたちの様子を見守りながらメイクするのが日課になりました。ダイニングに壁掛けしている姿見は、メイクをしたりお出掛け前のチェックをしたり。アクセサリー置き場もすぐ近くなので便利です。

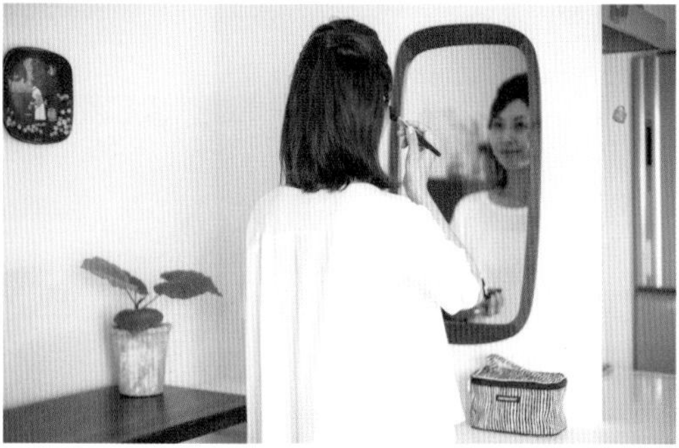

プリンタは動かさずに配線&プリントできる

最近プリンタを使うことが多くなったので、いつでも起動しやすい場所に配置しました。プリンタを移動させることなく、このまま配線&プリントができます。配線類やインクカートリッジ、写真用紙など、プリンタ関係一式をファイルボックスにまとめて隣に置いています。使い終わったら本体には布を掛けてほこり除けに。

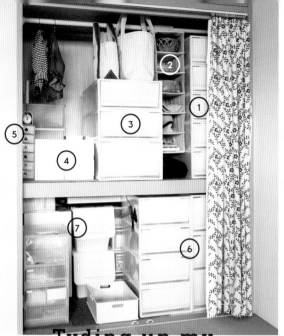

Tyding up my JAPANESE ROOM

押入れの整理収納

リビングとつながっている和室の押入れは、
いちばん使いやすいように、日々試行錯誤しています。
子どもたちの外出前の準備はここで完結するようにしています。

※現在の収納とは異なります。

①

季節外の子ども衣類

右側にカーテンを寄せることが多いので、出し入れ頻度の低いものを収納しています。

②

上下に6段の置くだけ収納

ワンアクションで出し入れできるのがとても便利。帽子収納にも丁度よく、夏場の定位置になっています。

③

奥行きのある引き出しはここだけ

この3つだけは押入れ用ケースを使っているので収納力たっぷり。ケース上は普段使いのトート置き場に。

旅行バッグ

ひざ掛け

私の部屋着

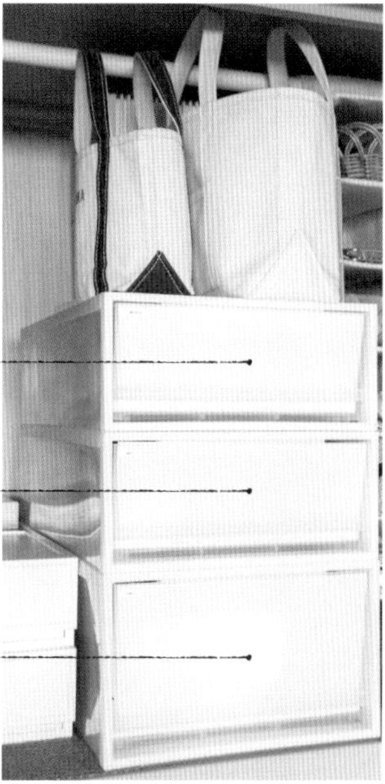

＼目隠しとして／

透けないように白いプラダン

来客中でも開けることの多い和室の押入れ。収納ケースの中身が透けないように、前面に白いプラダンを挟んでいます。ホームセンターなどで大き目のものを購入し、サイズに合わせてカッターでカットしています。少し手間ですが、一度きりの作業で見た目がずいぶんすっきりしますよ。

④

お出掛けに必要なものと
工具を収納

工具

子どものおもちゃの電池交換や子ども椅子の高さ調整に必要な工具一式を収納。

ソックス

私の靴下はここに収まる分だけを持ち、傷んだらこまめに新調しています。

ティッシュ

ポケットティッシュと携帯用のウェットテッシュを収納。

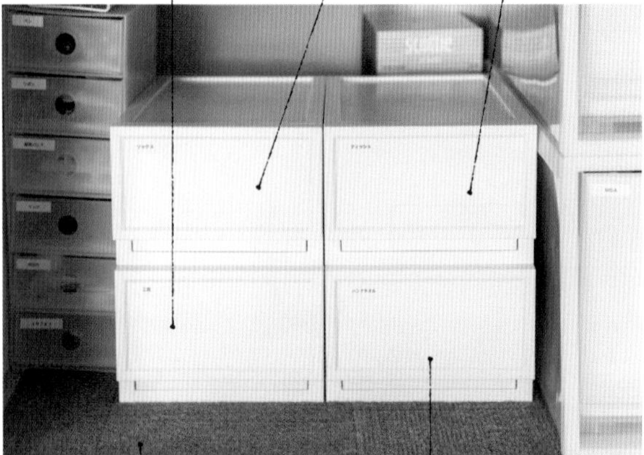

下のカーペット

薄手のカーペットを敷くと汚れ防止＆滑り止めになります。

ハンドタオル

和室でお出掛け準備をすることが多いので、この場所が便利。

⑤

ざっくり収納に向かないものは小さな引き出しで管理

ペン

時々使うポスカー式やカラーペンなどはここに。

リボン

絡みやすくばらけやすいので小引き出し収納が便利。

結束バンド

コードをまとめるのに使う100円ショップのもの。

ペンチ

ペンチとニッパー。ほかと一緒に収納すると絡んで出しにくい形なので専用のスペースを。

爪切り

夫専用爪切り。定位置をきめてから「爪切りどこ?」と聞かれなくなりました。

イヤフォン

夫のイヤフォン。絡みやすいイヤフォンは単品収納でストレスなく出し入れできます。

夫専用の引き出し

爪切りやイヤフォンなどは、以前は夫専用の大き目の引き出しに放り込んでいました。でもごそごそ探すことも多かったので、この小さな引き出しを定位置にしてワンステップで取れるように改善。

⑥

子どもの洋服はここにまとめて

カーテンを寄せることの多い右側には季節移行中の洋服を。もう少し涼しくなったら着せたいものや、気温の低い日に羽織らせたいものなどを入れています。左側の4段は毎日稼働する洋服だけを厳選して収納。右下はサイズが小さくなったな、と感じた服を入れていくスペース。いっぱいになったら譲ったり、フリマに出したります。

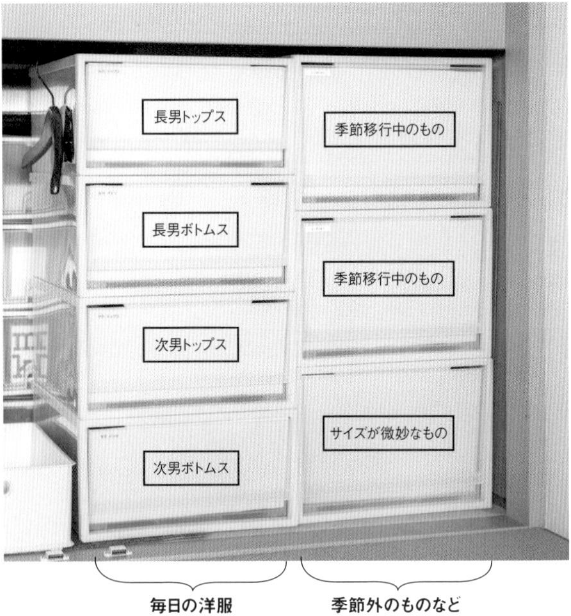

⑦

子どもの身支度ゾーン

押入れ下段の一部に子どもの身支度ゾーンを作りました。幼稚園準備の自立を促すことが目的です。身支度も大切ですが、帰宅後のお片づけも身につけて欲しい。子どもが片づけやすい仕組みを考えてみました。(p194参照)

1人でできるよ

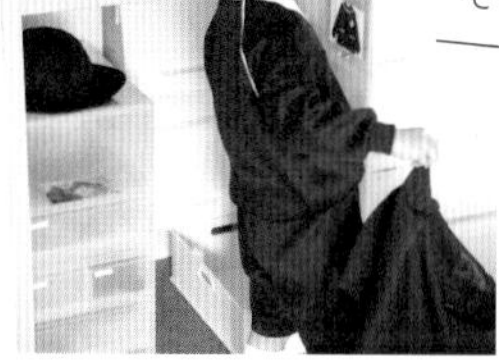

Tyding up my
WASH ROOM

洗面台の整理収納

洗面台は壁半分が鏡なので、
洗面周りを整えるときれいさ2倍、乱れていると乱れも2倍。
洗面ボウルの周りは濡れたら拭きやすいように、
普段はハンドソープくらいしか置いていません。

収納スペースの空きを埋めない数だけ持つ

急いでいる時でもサッと取り出して、しまえるような収納にしておくと、洗面台にものが溢れません。そのために、スペースいっぱいにものを詰め込まず、出し入れしやすい状態にしています。自分専用の左側には、基礎化粧品やマニキュア、香水などを。ヘアスプレーやワックスはコレと決まっているので、各1つずつあれば十分。あれこれ買わないことでものが増えず、収納スペースもすっきり保てます。背伸びしなくても手が届く範囲には、毎日使うものを集めました。

中央には夫と共通で使うティッシュ、コットン、綿棒などを。メラニンスポンジのストックは目につく場所にあると、掃除に取りかかりやすいです。

無印良品の収納アイテムで整理しています

引き出しとファイルボックスで、
アイテム別に仕分けて収納しました。

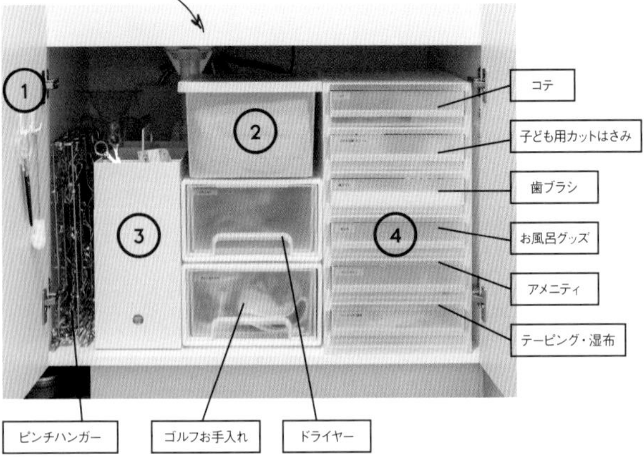

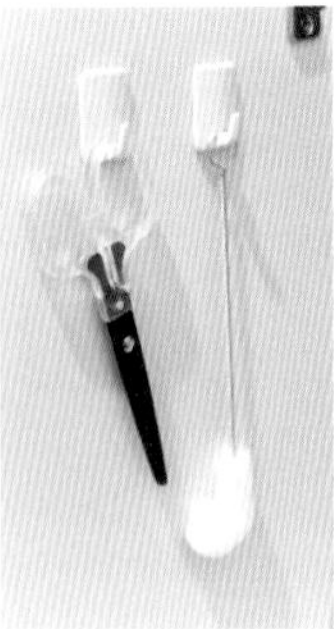

1

シャンプーボトル用の
スポンジとはさみ

ワンアクションで取りたいものはフックに吊るしています。

2

古いタオル

蓋付きボックスの中に入れて、お掃除の時に使います。

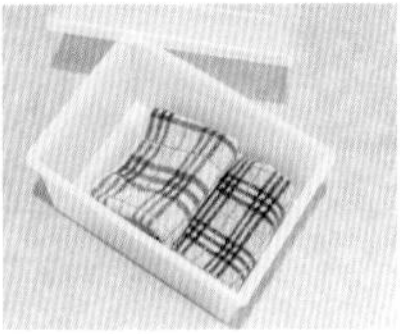

上段

下段

③ 試供品アイテム

無印良品のファイルボックスの上にキャリーボックスを重ねています。試供品アイテムなどはこうして目につく場所に置き、先に使うようにしています。

家族のストック

夫が買って来た大きな入浴剤と、シャンプー・トリートメントのストック各2つ。各1つずつ先にボトルに詰め替えてセッティングしています。

④ 歯ブラシなどのストック

無印良品の浅い引き出しを6つ重ねて、ストックを管理しやすくしています。

洗濯機の周りは動線を考えた収納に

出しておくものとしまうものをしっかり考え、洗濯のしやすい配置にしました。

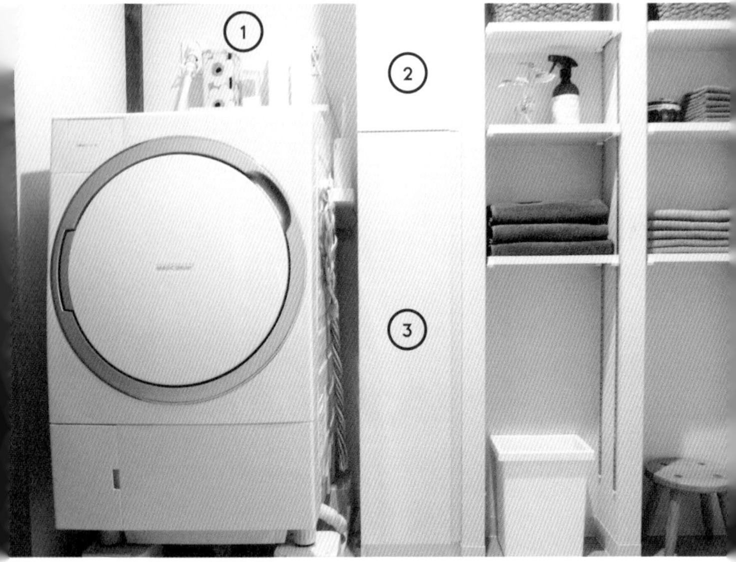

①

洗剤はワンアクションで使えるように

洗濯洗剤と柔軟剤は棚の上が定位置。毎日のことなので使いやすさを優先しました。出しておくものはシンプルなパッケージのものを。セブンイレブンの洗濯洗剤はフィルムを剥がすと真っ白なボトルになります。中身は大容量の詰め替え洗剤を購入し、なくなったら補充しています。

乾燥剤

左の缶の中には乾燥剤（シリカゲル）が入っています。湿気が気になる場所には一緒に収納。

洗剤と柔軟剤

表示は1が洗剤、2が柔軟剤。

ハンディモップ

洗濯乾燥後に洗濯機上をサッとほこり取り。

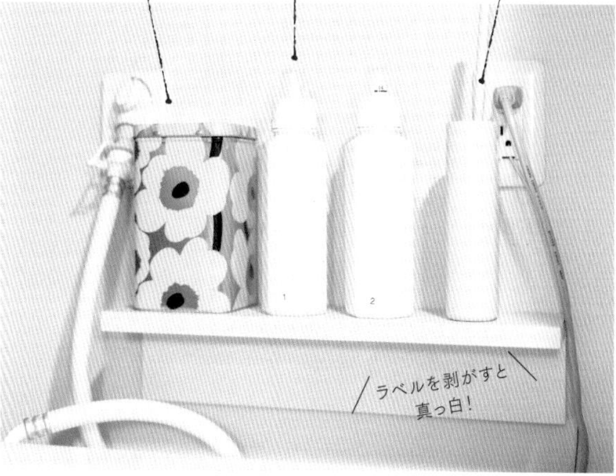

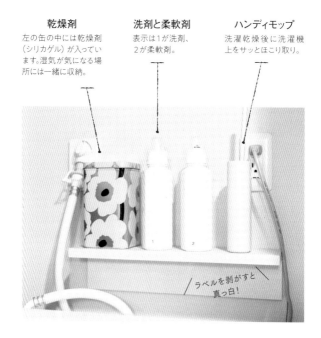

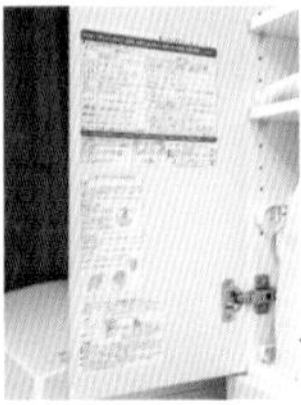

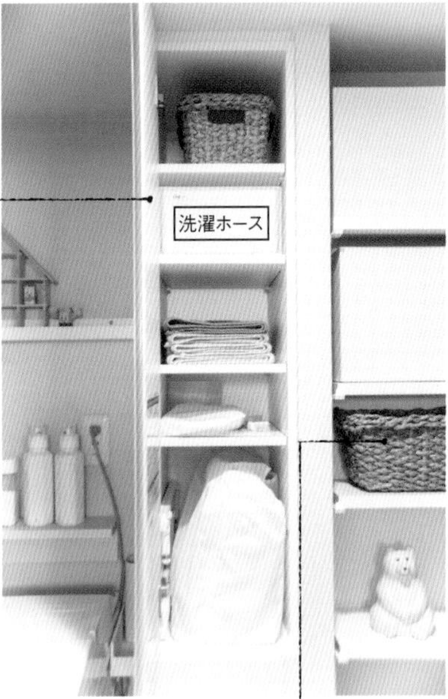

②

洗濯機の取説シールを扉裏に貼り替え

購入時、洗濯機に貼ってあったシールはすぐに剥がしてすっきりと。今後参考になりそうな部分だけは扉の裏に貼っているので、手軽に見返すことができます。

カゴを使った収納で取り出しやすく

この棚の幅に合うサイズのカゴを探しました。中には洗濯網を入れています。

③

お風呂上がりに すぐ必要な 着替えを収納

奥行きの合うストッカーを活用し、夫婦それぞれの着替えをここに。

大容量の詰め替え洗剤

洗剤、柔軟剤などのストックをここに。詰め替え作業が洗濯機前で完結できます。

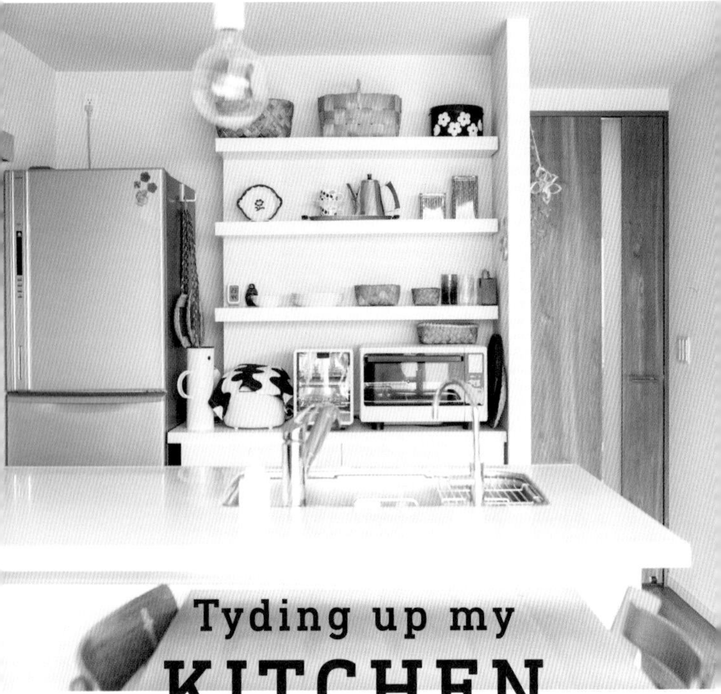

Tyding up my KITCHEN

キッチンの整理収納

すっきり暮らす工夫

夜にはカウンターにものが残らない仕組み作り

カウンターの上にものを常在させない仕組みを作っておくことが、すっきりした暮らしを続ける秘訣。24時間何も置かない！　というのでは決してなく、1日の終わりにカウンター上のものをすべて戻せばそれでよし。ものを戻せる場所さえしっかり確保しておけば、片づけるのにそれほど時間は要しません。

我が家ではできるだけ夕飯後の片づけ時にカウンター上やダイニングテーブルに置いてあるものを定位置に戻すようにしています。ものがなければ拭き掃除もラクラク。除菌スプレーでカウンターとテーブルを拭き上げれば完了です。カウンターがすっきり片づいていると、翌朝のスタートが気持ちいい！　やる気スイッチここにあり、です！

システムキッチンの引き出しの使い方

我が家はパナソニックのシステムキッチンです。
シンク下には水回りで使いたいものや袋類を収納しています。

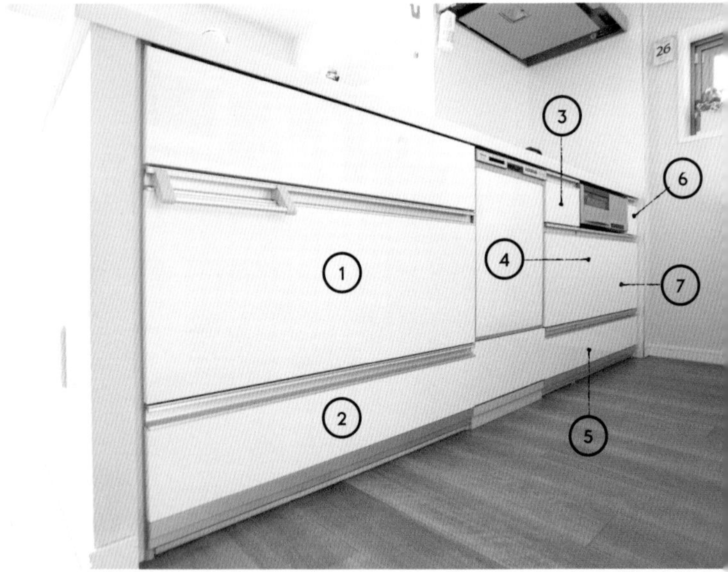

①

シンク真下は深さを有効活用

いちばん深さがある引き出しなので、高さのあるものはここに。

タオル

キッチンで使うタオル2種類(サイズ違い)をファイルボックスにまとめて、新しいタオルを使いたい時にすぐに出せるようにしています。

お米

右手で引き出しを開けて左手でお米の蓋を持ち上げ(ワンプッシュで開閉可能な蓋)、右手で3合計ってそのままシンクの釜の中へ投入。お米を研ぐまでが最短距離の収納です。

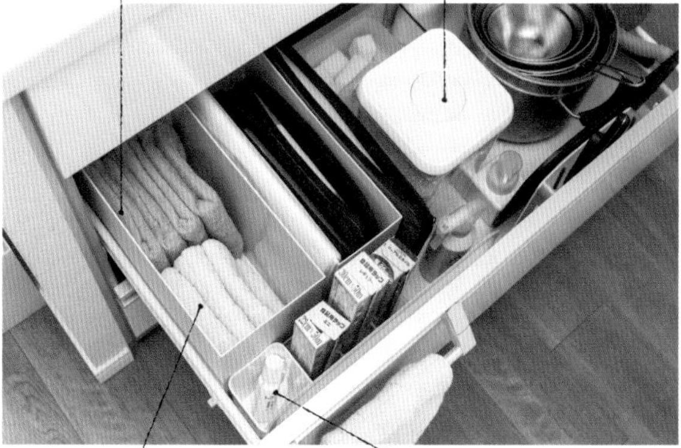

手拭き用タオル

白い方は手拭き用タオルで、タオル掛けにセットしても下の引き出しに干渉しない丁度いい長さです。IKEAのAFJARDEN ゲストタオル。

子ども用歯ブラシ

寝る前の子どもたちの仕上げ磨きはリビングのラグに寝転んでするのでキッチンの引き出しに収納しています。歯磨き後はキッチンで歯ブラシを洗ってから水切りラックの上で乾かしています。整理スタンド/ニトリで購入。

キッチンの袋の整理

ビニール袋の収納は、ハードタイプのメッシュケースとファイルボックスを組み合わせて、種類ごとに立てて収納すると取り出しやすい。3辺ファスナータイプはガバッと開いて袋をセッティングしやすく、袋収納以外にも使い回しのきくアイテムです。メッシュ素材は押さえるだけで内側の空気が簡単に抜けるのが◎。

厚紙を芯として袋に挟んでおくと、沈まずに最後まで取り出しやすい。

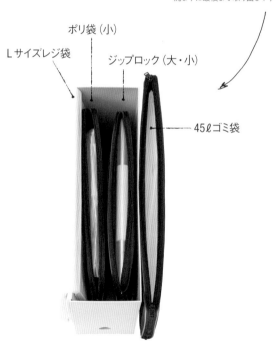

②

いちばん下の引き出しは
保存容器と子ども用食器を収納

保存容器

保存用のガラス容器は重ねて収納し、蓋を立てるようにしています。

タッパー

片手で取り出せるように重ねずに収納。

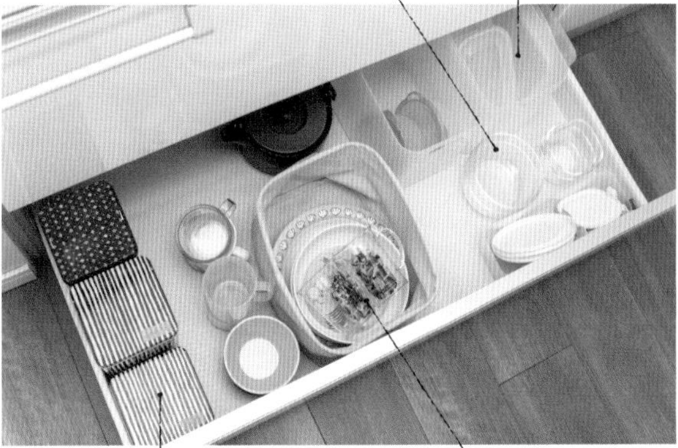

紅茶のティーパック

缶の中にはスティックタイプの飲みものやいただきものの紅茶などを。

子どもの食器

子どもたちが出し入れできる高さに収納して、自分で用意できるように。

③

調理台で必要なものを収納

キッチンツールだけでなく、キッチンペーパー、つまようじ、
クリップなども収納しています。

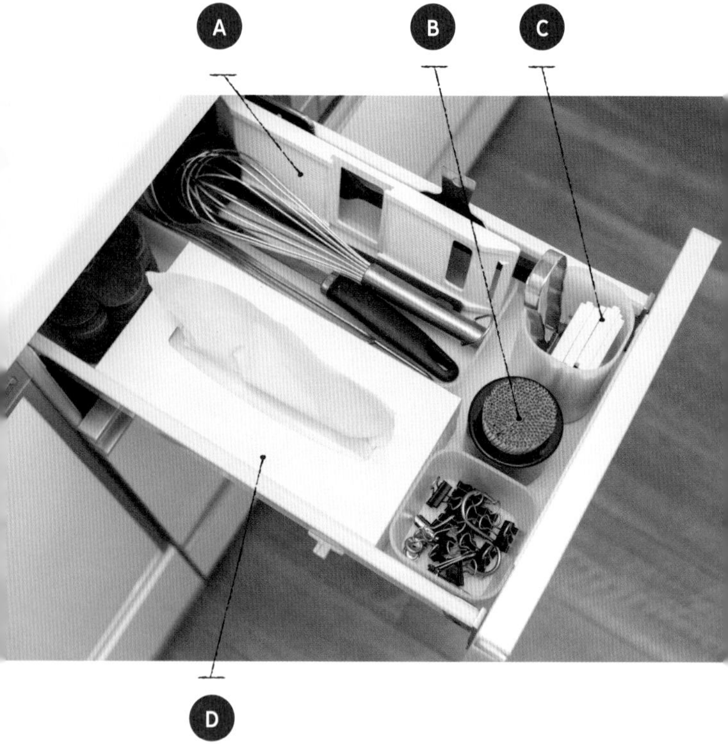

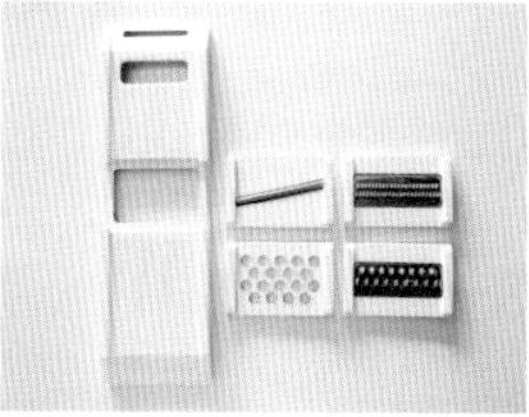

A おろし器

4枚替え刃が付いたおろし器は1つでいく通りの仕事もしてくれる省スペースな便利グッズ。

B つまようじ

つまようじの容器はキャンドルスタンドで代用。

C ピーラーの替え刃

替え刃はピーラーと一緒にペンシルスタンドに立てて収納。ポリプロピレンブラシ・ペンシルスタンド／無印良品で購入。

D キッチンペーパー

片手で1枚ずつ取り出せるように、折りたたみ式のキッチンペーパーを使用しています。パッケージがビニールのものを選ぶとストック分も軽くてコンパクト。ただ残量が少なくなるにつれて引っ張った時に袋ごと一緒に持ち上がるストレスがあったので、ティッシュの空き箱に差し込んで使っています。

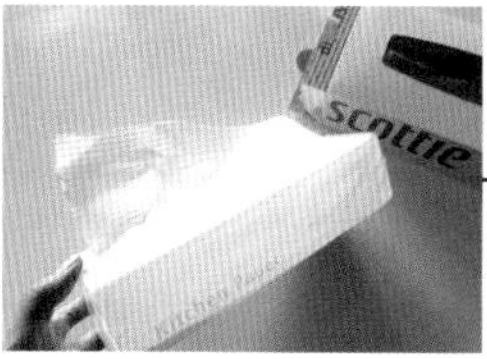

ビニールパッケージのキッチンペーパーを買ってきます。

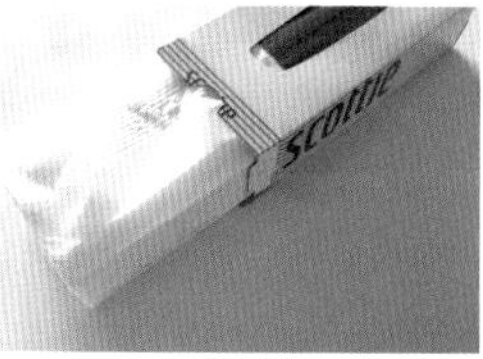

空いたスコッティのティッシュ箱に入れます。上から見ると白い面だけで気持ちいいです。

④

炒めものに使う道具はひとまとめに

IHコンロのすぐそばで深さのある引き出し。フライパン2種類をファイルボックスで仕切って立てて収納し、ワンアクションで出し入れできるようにしました。

フライパン（ティファール2種類）

深めと浅めを使い分けています。

蓋はここにあります。

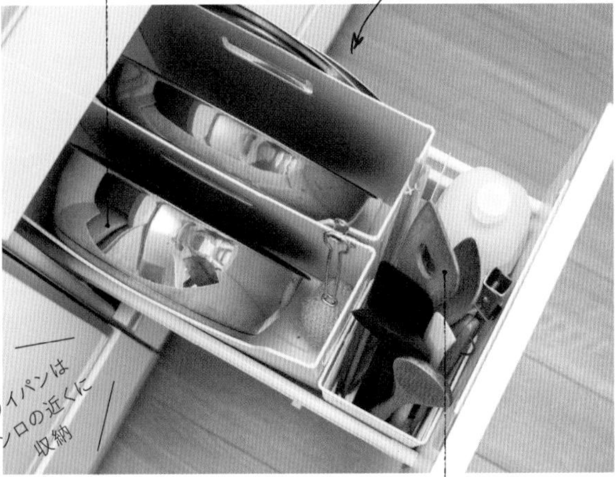

キッチンツール

炒めものに使うへらや調理スプーンなどは、スタンドごと取り出すこともできます。サラダ油、フライパンの蓋2種類もこの場所に収納。

⑤

掃除用洗剤は
100円ショップの容器に詰め替えて収納

詰め替えると開け閉めがラクになったり使いやすくなったりするのはもちろん、
四角い容器を選ぶことでデッドスペースを減らしてすっきり収まります。

マグネット式のタオル掛けは、布巾などを干したい時だけ、コンロのフードに付けます。リビングとつながっているので干しっぱなしにしないように心掛けています。

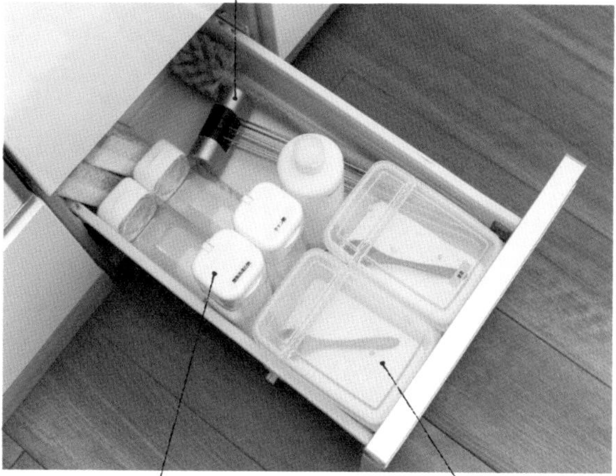

酸素系漂白剤、クエン酸は100円ショップのドレッシングボトルに詰め替えました。クリームクレンザーは無印良品のポリエチレン詰め替えボトルに。

食洗機洗剤と重曹は、100円ショップの調味料ケースに入れて中にはスプーンもスタンバイ。ワンタッチ開閉の容器なので便利です。

⑥

幅が狭い調味料引き出しは ピッタリ合う容器で収納

サイズピッタリだと収納力がアップ

どうしてもここに砂糖と塩を収納したくて、サイズが合う容器を探しました。砂糖はフレッシュロックの角形500、塩は角形300に詰め替えています。常温保存しているスパイス類も一緒に並べています。

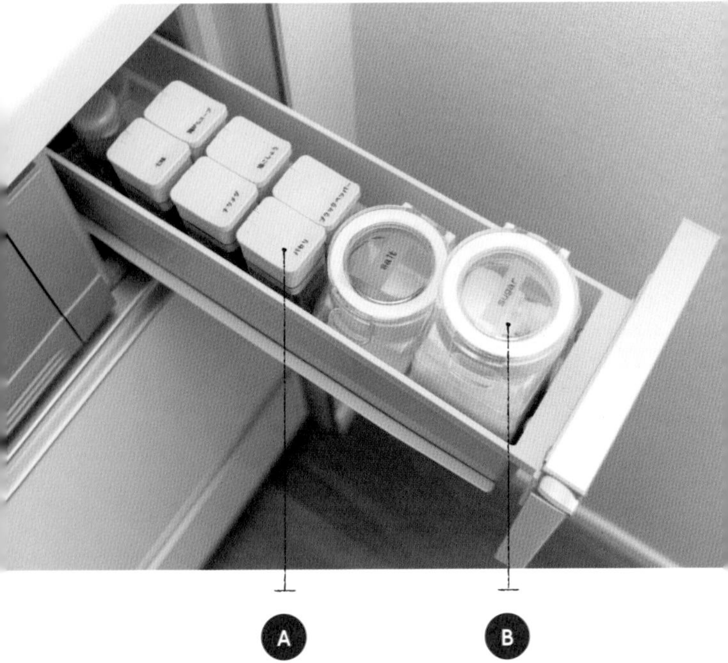

A すき間ができない四角いケース

スパイスボトルはsarasa design storeのもので統一しています。四角いので、ピタッと引き出しに収まります。引き出しを開け閉めしても動かないように無印良品の整理トレーに立てています。

開封時に賞味期限を貼ってます

左から塩こしょう、七味、ナツメグ、鶏ガラスープ、パセリ、ブラックペッパー。常温保存の調味料はこれだけで、あとはすべて冷蔵庫保存です。

B 一目でわかるように砂糖と塩はサイズ違いに

砂糖と塩、テプラの表示をいちいち確認するのが面倒なので、高さの違う容器にして一目で見分けやすくしています。

中には100円ショップの小さな木のスプーンを入れています。ちらっと見えた時にかわいいと楽しくなります。

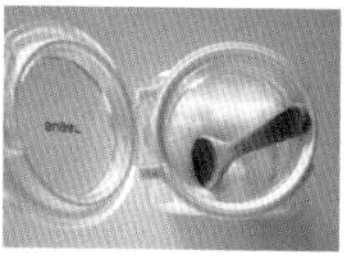

砂糖　塩

⑦

IHコンロ真下は鍋と調味料と掃除スプレーを収納

IHコンロ下の引き出しには鍋類をメインに収納しています。
フライパンは、立てるには深さが足りず、隣の引き出しへ。

A

キッチンの掃除用具

掃除用のスプレーボトル。IHコンロをすぐに掃除できる体勢です。

B

お鍋

ファイルボックスや仕切りスタンドを使って、ワンアクションで取り出せるようにしています。ここでも無印良品のファイルボックスを愛用。

C

無印良品のアクリル仕切りで取り出しやすい

ゴマ油とオリーブオイル、ティファールの取っ手を無印のアクリル仕切りに並べて立てて収納しています。ゴマ油とオリーブオイルは、iwakiのオイル差しに。

液ダレしないオススメ容器

iwakiのオイル差しの注ぎ口は液ダレしません。ガラスの容器は耐熱なので食洗機もOK、清潔を保ちやすいのもうれしい。

D

常温保存のストック

お砂糖のストックやだしパック、味付け海苔などもこの場所に収納。

常温保存

IHコンロ下で常温保存しているもの

砂糖(ストック分)、だしパック、味付け海苔は、ワンプッシュで取り出せる便利なOXOのポップコンテナを使っています。

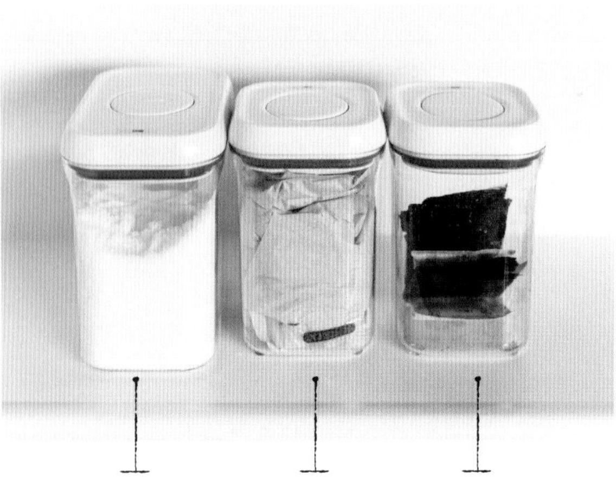

砂糖　だしパック　味付け海苔

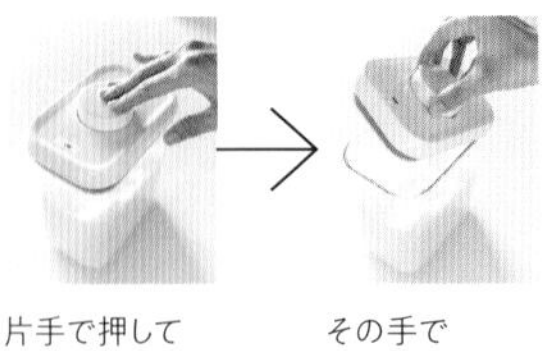

片手で押して

その手で
開けられます。

両手なしで開く
ワンプッシュが便利

シンプルさと使いやすさを兼ね備えた密閉容器で統一しています。

冷蔵保存

冷蔵庫で保存しているもの

小麦粉、片栗粉、パン粉、ゴマ、わかめもOXOのポップコンテナに詰め替えています。
重ねられるのが便利で、冷蔵庫の中で定位置を決めて収納しています。

IKEA の白い食器棚

食器棚はIKEAのMETODというシリーズです。
キャビネットや引き出し、扉を自由に選べて組み合わせることができるので、
スペースに合わせて選び、節約をかねて自分たちで組み立てました。

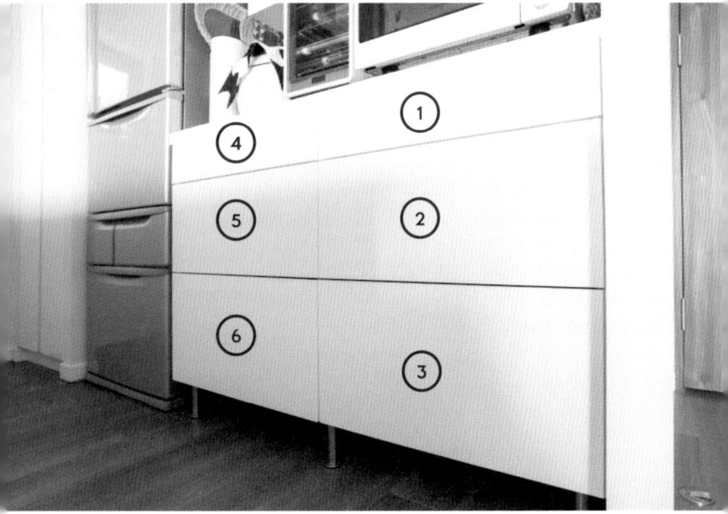

① 作家さんの器を少しだけ重ねて

我が家の数少ない作家さんの器など、和食器を収納。浅い引き出しなので各2～3枚しか重ねられませんが、だからこそ、使いたい時にさっと取り出せて便利です。

② 大皿はここに

直径21～26cmまでの比較的大きなお皿を収納。手前の余ったスペースにお刺身用の小皿やチークのカトラリーを置いています。

木のカトラリー

チークのカトラリーを分けて収納している理由は、私以外の家族が使ったあとに水に浸けっぱなしになるのを防ぐため。

缶づめ、ストック　　麺類海苔麦茶レトルト

水筒

③

水筒とストック類

左右に1つずつ無印良品のファイルボックスワイドを使用し、ジャンルごとに仕切って収納。

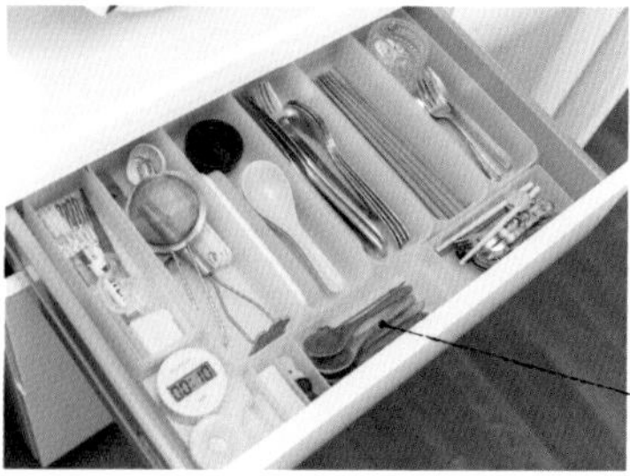

④

カトラリーを無印良品の仕切りトレーに入れて

アイテムごとに仕切ると乱れにくいです。出し入れしやすく整えました。

子ども用カトラリー

子どもが自分で準備できるよう手前には子ども用カトラリーを配置。

根菜類

無印良品のファイルボックスの中に新聞紙を敷いて、その上から入れています。

⑥

根菜類とお菓子

パン、お菓子など、毎日取り出すものはここに。

ストック類

お茶漬けのもとやかつおぶしなど小さなパック。

⑤

いちばん使うお皿一式を揃えて入れておく

使用頻度の高い食器は同じ引き出しにまとめて収納しています。
小さな子どもがいると器をゆっくり選ぶ余裕がない日もあって、
そんな時にはこの収納法がとても助かります。
季節によってよく使う器は微妙に変わるので、その都度見直しを。

すぐにセット！

一食分のセットがすぐに揃う仕組み

飯椀、お椀、取り皿、小鉢、サラダボウル、よく使う器が一式揃うようにしています。余裕がない日は1人ずつ盛り付けずに、メインは大皿で食卓へ。
食器洗い後もほとんど同じ引き出しにしまえると動きが最小限になりとてもラクです。些細なことですが毎日の積み重ねになると大きいです。

振り向くだけ！お皿をすぐにしまえる仕組み

洗ったお皿をしまうのは面倒。
だからこそ、最短で洗ってしまえる仕組みを考えています。

手洗いした食器はシンクのラックの上で一度水切りします。

シンク真下の引き出しに食器用のタオルをスタンバイ。我が家は布巾の代わりに無印良品のしっかり厚めのタオルを使っています。この方が吸水性が高くて使いやすいです。

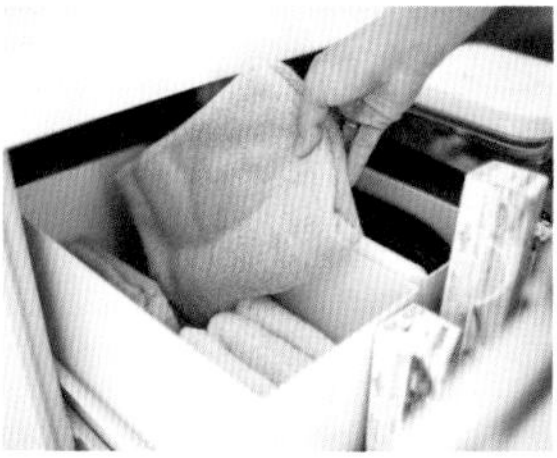

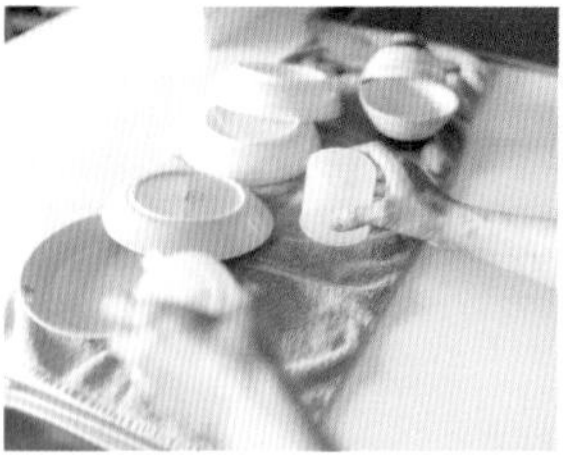

タオルの上に乾きやすい角度で、洗った食器を並べたら、少しほかの作業をします。

まだ水分が残っていたら拭き取ります。

振り返ったらすぐ収納できる引き出しの位置なのがラクチンポイント。

何も出ていない状態を簡単にキープ!

いつもすっきりで、食事の準備のスタートダッシュがスムーズに!

Tyding up my HALLS

廊下収納

上から1段目は無印良品のファイルボックスワイド。2段目はburoのファイルボックス。4段目は左2列が無印良品のポリプロピレンケース・深型、右1列がファボーレヌーヴォチェスト・S。5段目は左2列が無印良品のポリプロピレンケース・浅型、右は無印良品のファイルボックスワイド。6段目はIKEAのバスケット。

※現在の収納とは異なります。

すっきり暮らす工夫

情報や道具は定位置を決めると溢れない

毎日使うわけではないけれど、必要時にサッと出したい情報や道具は廊下に集結。収納棚は扉を外して出し入れの効率を優先したので、すっきり見える工夫をしながらものの定位置を考えました。

ファイルボックスや引き出しを使うことでそれぞれのアイテムの上限管理が自然とできます。溢れそうになったら中身を見直すタイミング。そうすると無意識に不要なものが増えていくのを防げるし、大事なものが紛れ込んでしまうことも減ります。

① 出し入れ頻度の少ないものをいちばん上の段に

挙式のアルバムや友人が作ってくれたアルバムなどサイズが不揃いなものや、ゲーム機器のように複数のアイテムをまとめておきたいものの管理にも、ファイルボックスを使うとすっきりまとまります。

夫の写真

写真データ

結婚式関連

ゲーム機器

② 決めたスペースに収まる分しか持たない

本や雑誌はジャンル別にファイルボックスで仕分けし、それぞれここに収まる分だけと決めています。スペースが決まっていると購入は慎重になり、持ち方を見直すタイミングにも気が付きやすいので乱れにくいです。

buroのファイルボックスは使わない時は、折り畳んでスリムに収納できるのが便利です。

省スペース

本・雑誌・楽譜

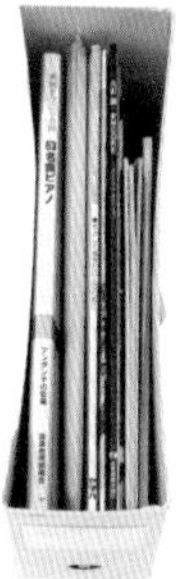

③ カゴに木製の雑貨を収納して、棚を軽やかに

棚を収納アイテムでぎっしり埋めてしまうのでなく、
目線の高さの段にはカゴを2つにして少し余白を残しました。

白樺や木の雑貨

玄関やトイレなどで飾ったりする雑貨置き場。

④ 大人が楽しむDVDは ここに収納

リビングのテレビボード下には子どもが観るものだけを収納し、私や夫が楽しむライブDVDなどはこちらのファイルボックスで保管。

⑤ 「実家行き」の 定位置を作る

いちばん下のIKEAのバスケットは、自分や夫の実家行きの荷物置き場。実家からの帰りに持たせてもらった食材のタッパーなど、洗ったらこの場所へ収納しておくと忘れません。一緒に大き目のナイロンバッグをスタンバイしておけばお出掛け前にサッと持ち出せます。

⑦ 上から5段目は、テプラ用品、ペーパーナプキン、書類、封筒・切手、メモリー、筆記用具など。ペーパーナプキンはラッピングに使ったり、オークション時におまけで付けたりしています。

テプラ用品

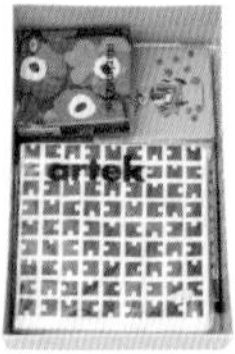

ペーパー
ナプキン

書類

封筒・切手

⑥ 上から4段目は、布バッグ、いただいた手紙、薬、ラッピング用品、紐、テープなどを入れています。

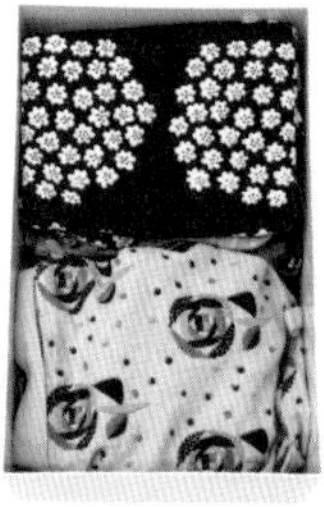

布バッグ

手紙

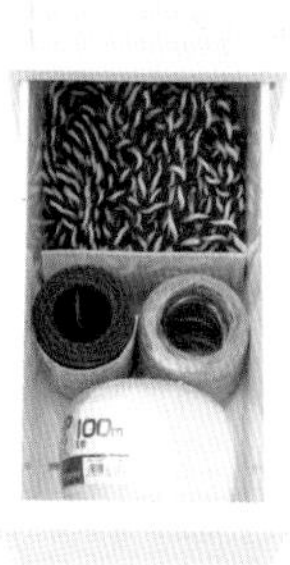

紐

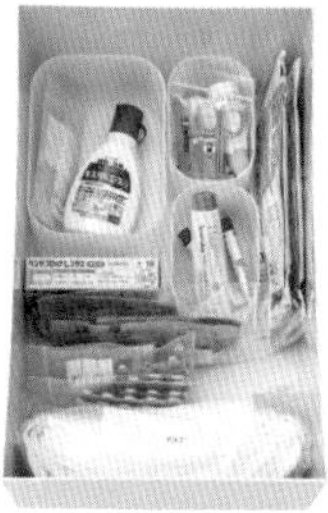

薬

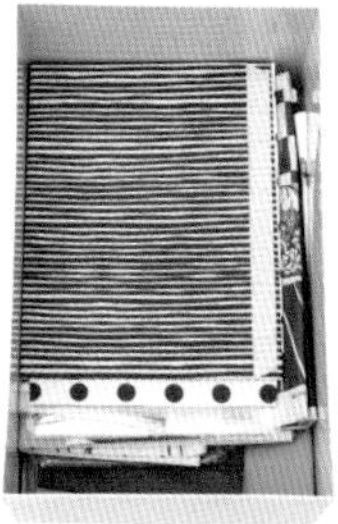

ラッピング
用品

テープ

無印良品のアルバム
取り扱い説明書
住宅関連の書類

トレイ
寿司桶
カセットコンロ
ガスボンベ
たこ焼き機
オーブン鉄板

雑貨
選別した紙袋
大き目の封筒

夫の持ちものなど
フリマ用紙袋
掃除機

⑧ 普段使わない調理器具は立てて収納

持っているたこ焼き機がファイルボックスにピッタリのサイズでした。丸い形だから立てる収納がしにくいのですが、こうしてファイルボックスに入れると自立してすっきり。

本来キッチンに収納して
おきたいアイテムですが、
使用頻度を考えると
この場所で十分

⑨ 紙袋の収納はサイズを決めて一定量だけ

紙袋は、本のように立てて収納すると、すぐにサイズもわかり、必要時にさっと取り出せます。マチを畳んだ部分が右側と決めておくと、マチ同士が絡まるイライラもありません。残しているのはほぼマリメッコの紙袋。好きなショップに限定して残していくと、収納した時も揃ってきれいです。よっぽど残したいもの以外は、家に持ち帰ったその日に処分。とりあえず残しておこう……はナシです。結局後々の整理や分別時に時間を取られてしまいます。

⑩ 無印良品のファイルボックスは倒しても使える

無印良品のファイルボックスの中には、次回のフリマ用の紙袋をためています。ボックスを倒して保管しておけば見た目にもすっきりです。

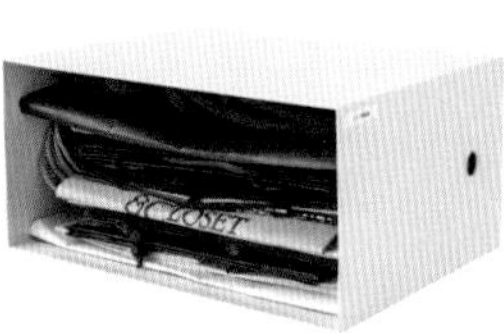

我が家の愛用品

暮らしを楽しくしてくれる北欧食器

忙しい毎日でもちょっと目に入るだけで楽しくなる、
我が家の北欧食器たちです。

ITEM
01

ティーマ マグカップ
(iittala)

いろいろなカラーを楽しめるマグ。たくさん人が集まった時にも誰のカップか見分けやすくていいですよ!

ITEM
02

パラティッシBKコーヒーC&S
(Arabia)

ティーカップが多い我が家唯一のコーヒーカップ。ソーサーを小皿代わりに使うこともできます。

ITEM
03

ピューロ
(GUSTAVSBERG)

ちょっぴり変わった形のヴィンテージプレートはディッシュスタンドに飾ってもかわいい。

ITEM
04

古いケーキ皿
(Arabia)

どれを使おうかと選ぶのも楽しくなる色や柄。かわいらしいのにシンプルさもあって、柄違いでも相性よし。

ITEM
05

24h アベックプレート
(Arabia)

映画「かもめ食堂」でおにぎりと一緒に登場したお皿。北欧暮らしに憧れて購入した思い出の食器。

ITEM
06

カルティオ タンブラー
(iittala)

繊細なグラスよりも丈夫で安心感のあるものが好き。 口当たりがよくて色もとってもきれいなタンブラーです。

Chapter 3

手間を掛けない
掃除方法

我が家の
たどりついた掃除道具

キッチン用はコレ！　洗濯機用はコレ！
とそれぞれ専用の洗剤を持つのではなく、家中のお掃除に対応
できるものを選ぶととても便利で省スペース。
効果と使い方を知っておくと、本当にラクしてきれいになるんです！

ITEM
01

パストリーゼ 77

除菌・防カビ・防臭・食品保存と幅広く使えて安心のスプレー。傷みが気になる時期には、子どものお弁当箱にスプレーしてからおかずを詰めています。

▶キッチンカウンター ▶水栓
▶ダイニングテーブル ▶冷蔵庫内

ITEM
02

ブリッツ セルロース

キッチンの拭き掃除に使用。吸収力抜群で子どもが飲みものをこぼしても即対応可能。乾きやすくて衛生的、白だと汚れがわかりやすく除菌漂白の目安になります。

▶キッチンカウンター
▶ダイニングテーブル
▶冷蔵庫内 ▶IHコンロ

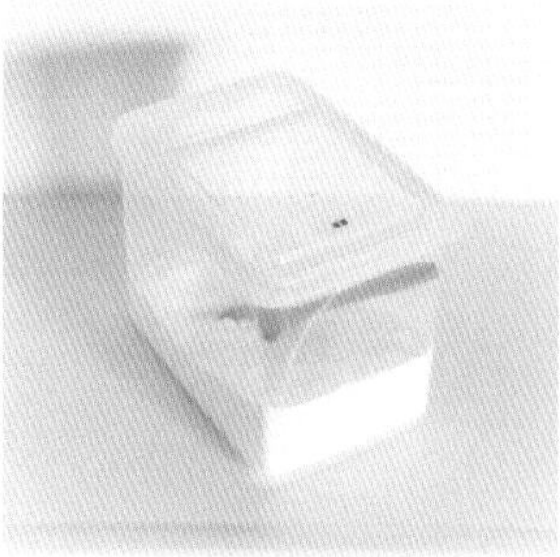

ITEM

03

重曹

水に溶かしてスプレーにすれば、油汚れに効果的。粉末のままふりかけて丸めたラップでこすれば、焦げ付きを落とせます。

▶キッチン（ステンレス鍋の焦げを取りピカピカに）▶お風呂 ▶窓の桟

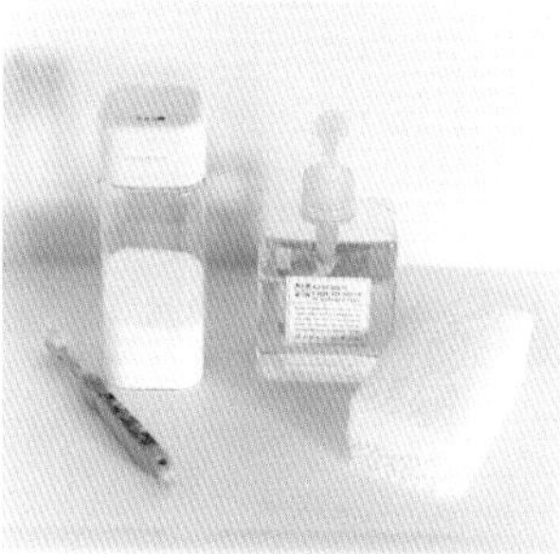

ITEM

04

クエン酸

シンクの水あかやお風呂の鏡、電気ケトルの中にも使えてピカピカに。

▶水周りの水あか ▶食洗機の庫内
▶お風呂の石鹸カス ▶トイレ

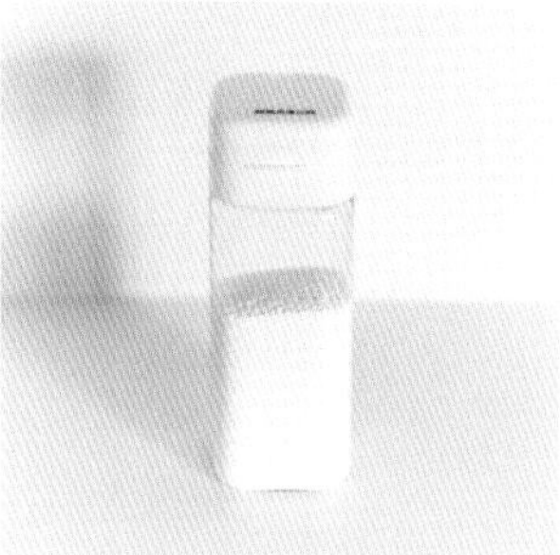

ITEM

05

酸素系漂白剤

ツンとした匂いもなく色柄ものにも使える漂白剤。40 ~ 50℃で効果大。

▶洗濯槽の掃除 ▶布巾の除菌漂白

ITEM
06

クリームクレンザー・アルカリ電解水

アルカリ電解水で拭いて油汚れを落とします。IHコンロの焦げ付きはクリームクレンザーと丸めたラップで。

▶IHコンロやグリルの汚れ

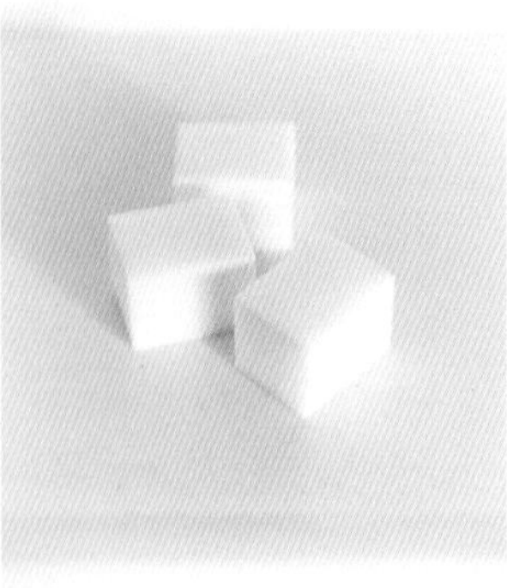

ITEM
07

メラミンスポンジ

小さくカットされたものをキッチンや洗面所に置いて、気になった部分をサッと掃除。

▶キッチン ▶洗面台

リビングの掃除

ちゃんとした掃除機を出して家中を
掃除機がけするのは多くても1日1回。
それ以外はマキタのコードレス掃除機の出番が多いです。
脚付きの家具だと床の隅々まで
お掃除できるのですっきり。

CLEAN UP RULE #001

コードレス掃除機で気軽にサッと掃除

1日何度も稼働するマキタはシンプルデザインで軽量、小さなヘッドで狭い空間もスイスイ。フローリングのほこりや髪の毛を気になった時にさっと掃除できるのが便利です。充電器はテレビボードの中に繋ぎっぱなしで(p92参照)楽々。

マキタが苦手とするラグは掃除機で念入りに。

見えてもかわいいデザイン!

CLEAN UP RULE #002

掃除道具はカーテン脇にスタンバイ

無印良品の壁に付けられる家具・フックを使って引っ掛けています。シンプルデザインの掃除道具は、ちらりと見えても大丈夫。わざわざ取りにいかなくてもワンアクションでお掃除に取りかかれます。

はたき／レデッカー、フック／壁に付けられる家具・フック／無印良品で購入。

CLEAN UP RULE #003

子どもの食べこぼしは古い布巾で拭く

台拭きを新しいものに交換したら、古いものは床拭き用にしています。普段の汚れは水拭きだけできれいになりますが、汚れが気になったら重曹水やアルカリ電解水が役立ちます。

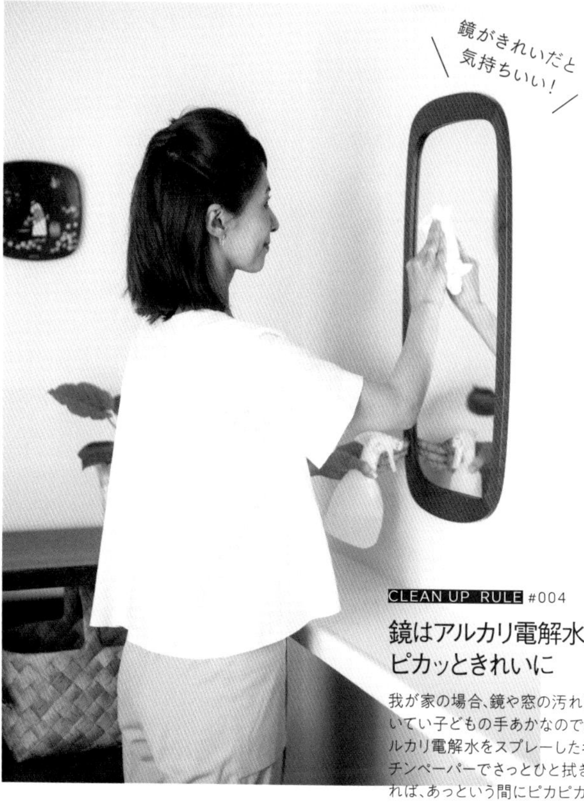

CLEAN UP RULE #004

鏡はアルカリ電解水でピカッときれいに

我が家の場合、鏡や窓の汚れはたいてい子どもの手あかなので、アルカリ電解水をスプレーしたキッチンペーパーでさっとひと拭きすれば、あっという間にピカピカに。鏡を拭いたついでに、そのキッチンペーパーでそのままダイニングの電球も拭くことが多いです。そんな「ついで」の動きをパターン化しておくと、二度手間も省けてラクチンです。

キッチンの掃除

家族の健康を守る「食」を管理するキッチン。
できるだけ清潔に保ちたい場所なのに、
気を抜くとあっという間に汚れてしまいます。
それぞれに適した洗剤を使って、
手軽にきれいなキッチンへ。

CLEAN UP RULE #005

食器洗い後にシンクも洗う

食器洗い後はそのままシンクも洗ってそのつど汚れを落とすようにしています。普段は泡立てたスポンジで十分ですが、洗いものをためてしまって蓄積汚れが気になった時は、シンク下にストックしている小さなメラミンスポンジの出番です。食器洗いスポンジは酸素系漂白剤に漬け置き除菌すると長く安心して使えます。

CLEAN UP RULE #006

カウンターはパストリーゼで毎回除菌

調理前と片づけ後には、そのつど、調理台は除菌効果のあるパストリーゼで拭きます。いつも清潔な布巾で拭けるように、布巾のお手入れもこまめに。煮沸や漬け置きだけでも簡単に除菌漂白ができますよ。

CLEAN UP RULE #007

水栓周りのくすみや水あかにはクエン酸

水栓周りの汚れ（アルカリ性）にはクエン酸。粉末のままパラパラと振りかけ、濡らした古歯ブラシでこするときれいになります。より頑固な汚れには、クエン酸水を振りかけてラップで覆い、しばらく置いてからこするとより効果的です。

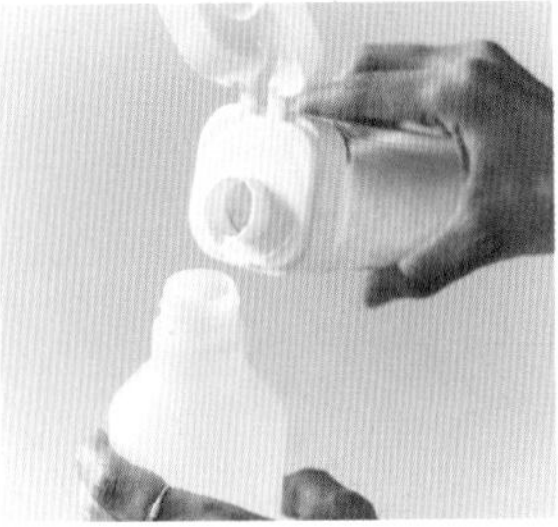

クエン酸水を作るため、小さな口のスプレーボトルにクエン酸を流し込む時にも、注ぎやすい口の形状でラクチンです。

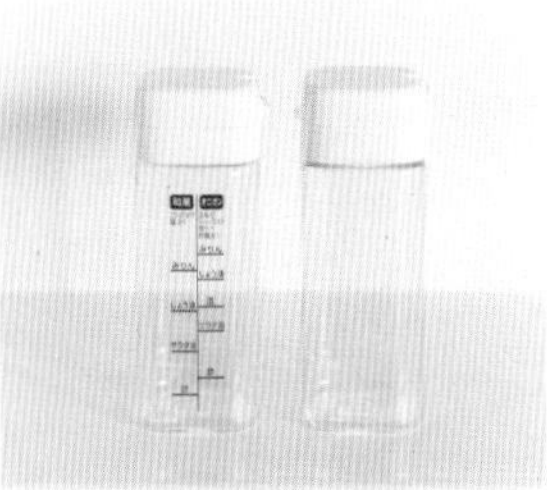

片手で振りかけやすい、100円ショップのドレッシングボトルに詰め替えています。もともとは赤いメモリが付いていますが、重曹でこすると取れますよ。

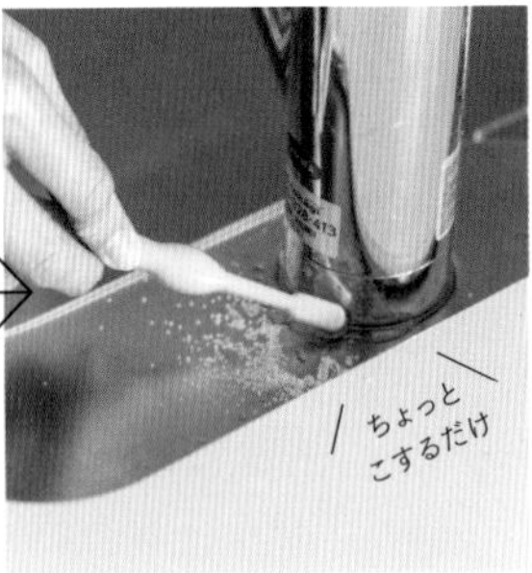

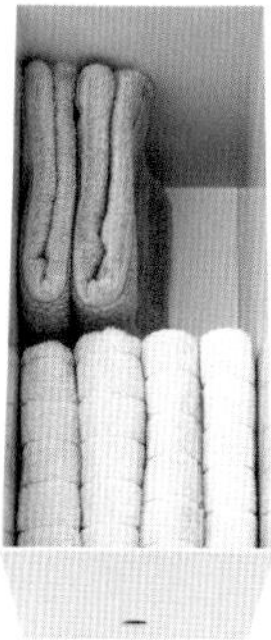

CLEAN UP RULE #008

切って雑巾にしやすい無印良品のタオルを愛用

使い古したタオルを切って掃除に使いたくても、切ると糸くずがボロボロと落ちて周りに散らばるのがいつも面倒でした。無印良品のその次があるタオルは、それを解消してくれる優秀商品。ラインに沿ってカットすると糸くずがボロボロと出ない工夫がされています。簡単きれいに4等分することができ、手のひらサイズの雑巾に。

無印良品のその次があるタオルは、キッチン専用のタオルとして使用しているので、収納場所は脱衣所ではなく、すぐに取り出せるようシンク下の引き出しに入れています。

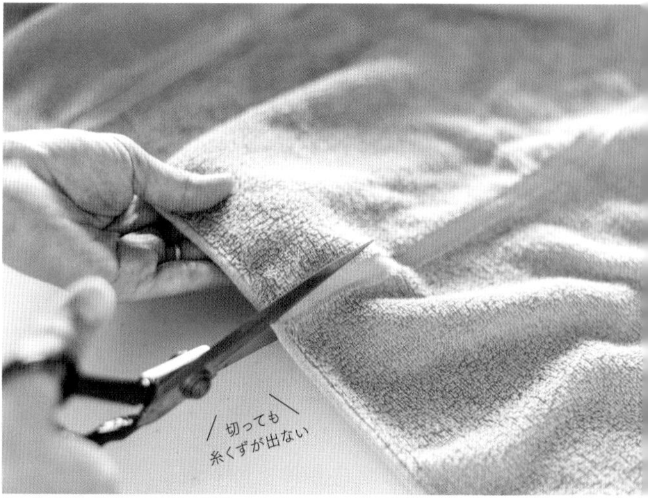

CLEAN UP RULE #009

除菌のための煮沸

布巾の衛生面が気になったら煮洗いしています。布巾をお鍋に入れて、弱火でぐつぐつ煮立たせたら、火を止めて冷めるまで置くだけの簡単除菌。汚れが気になる時は火を止めてから酸素系漂白剤を入れ、冷めるまでそのまま漬け置きすれば真っ白に。色柄ものにも使えるので安心です。

布巾の除菌で使うお鍋は、真ん中のサイズ。それ専用に購入したわけではないのですが、煮込み料理にもお味噌汁にも使わないこの鍋がたまたまちょうどよく、いつの間にか布巾の煮沸用になりました。

CLEAN UP RULE #010

漬け置きで漂白

ボウルにはったお湯に、酸素系漂白剤を入れて漬け置きだけの日も。酸素系漂白剤は40° C以上のお湯で効果が上がるそうです。蛇口から熱めのお湯を出して漬け置きすれば、簡単に布巾が真っ白に！　食器洗いスポンジも定期的に漬け置きすることで、いつでも清潔に気持ちよく使えます。

CLEAN UP RULE #011

IH コンロは使うたびに アルカリ電解水スプレー

IHは使うたびにアルカリ電解水スプレーをして、濡らした布巾で拭きます。揚げもののあとなど汚れがひどい時には、1回目スプレー後は布巾を使わずに先にキッチンペーパーで拭き取ります。そのひと手間で布巾が油でベトベトになる機会を減らし、清潔に長く使えるコツになります。

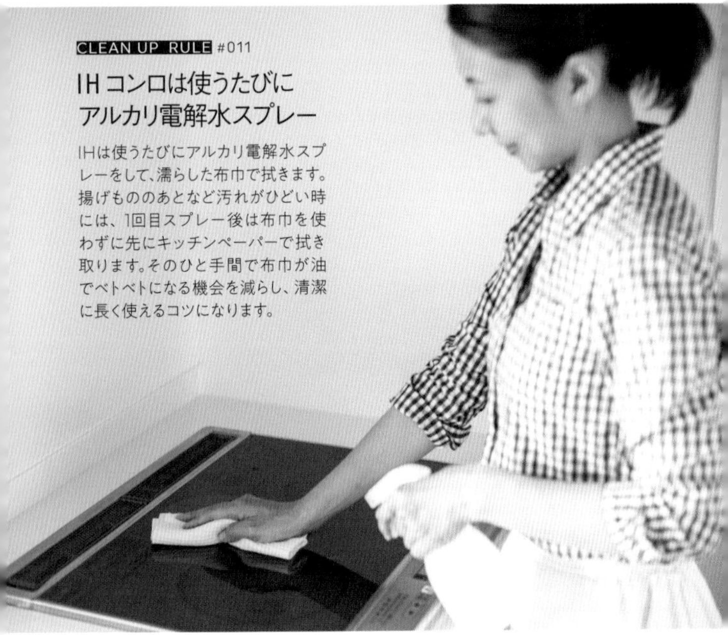

CLEAN UP RULE #012

焦げ付きはラップが便利

拭き掃除では落ちないIHコンロの焦げ付きが気になった時にはクリームクレンザーを垂らして、丸めたラップでこすります。力を使わなくてもあっという間につやつやきれいに。ラップはそのままゴミ箱へ。使用後に道具を洗わなくてもいいのがうれしい。

CLEAN UP RULE #013

蛇口は最後に ピカピカに

キッチンの掃除の仕上げは蛇口のお手入れ。ここがピカッと光っていると、リビングやダイニングから見えても、気持ちがよくなります。

トイレはとにかく
すっきりと!

トイレの掃除

清潔で気持ちよく使えるトイレを保つために、
お掃除のしやすさを考えて余計なものは置かず
シンプルな空間にしています。

CLEAN UP RULE #014

マットやカバーがないとすぐ拭ける

トイレ全体を手軽に拭けるようにマットやカバーを使用せず、子どもがどこを汚してもあっという間にきれいに元通り。床も壁も便座も、サッと拭いて除菌完了。

子どもの便座は入ってすぐの壁に立てかけています。急いでいても子供がサッと使える場所です。

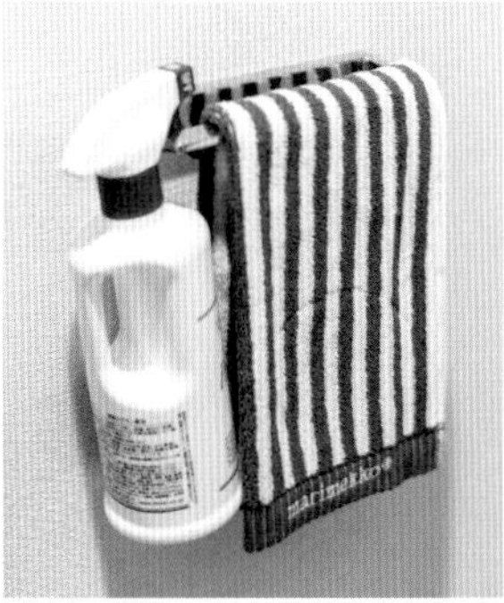

CLEAN UP RULE #015

タオルバーに除菌スプレー

除菌スプレーはタオルバーに引っ掛けて常備しています。子どもが濡らしてしまった便座や床は、最後に除菌スプレー（パストリーゼ77）をかけてトイレットペーパーで拭き上げると安心。毎日のちょこっと掃除に。

CLEAN UP RULE #016

飾りは背面の棚だけ

ガランとして寂しかった収納扉下の壁には、無印良品の壁に付けられる家具を設置して、少しの緑や雑貨を飾っています。ホルダーにあるトイレットペーパーが残り少なくなってきたら、前もって予備を一時的に置ける場所にもなるので便利。

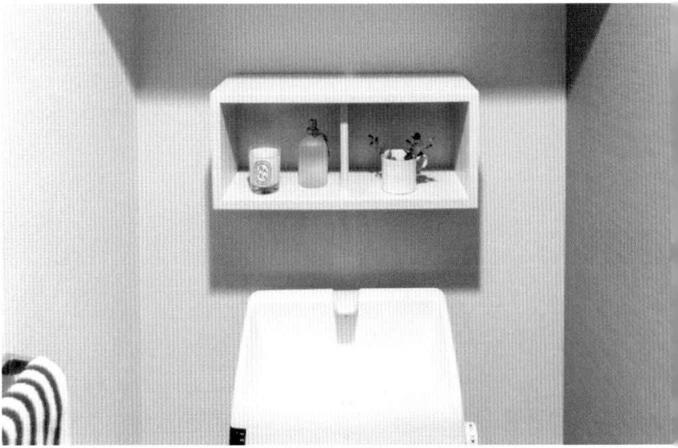

CLEAN UP RULE #017

掃除道具は最低限だけを

トイレットペーパーは取り出しやすいように下の段に並べて収納。残量も一目瞭然。サニタリー用品もこちらに。

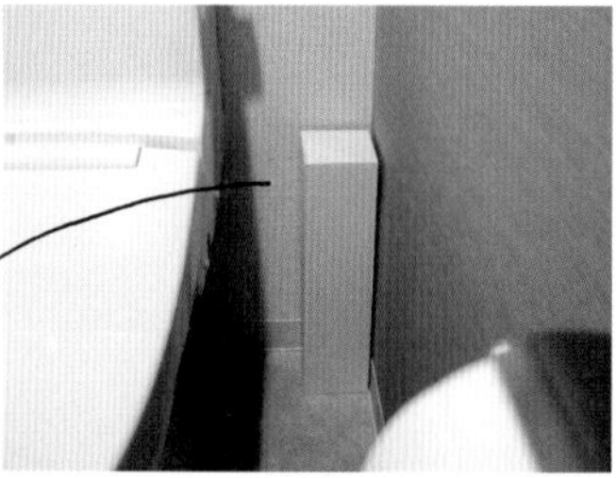

トイレブラシは、コンパクトなものを置いています。普段は単なる箱に見え、裏返すとブラシが引っ掛けられる仕組みです。トイレブラシ／ RETTO トイレブラシ。

お風呂の掃除

お風呂はいちばんカビやヌメリが発生しやすい場所。
毎日子どもたちと気持ちよく入浴するために、
汚れを蓄積させないようにちょこっと掃除を実践しています。
毎日きちんと歯磨きしたら大きな虫歯を防げる、
そんな感覚でカビを増殖させないように頑張っています。

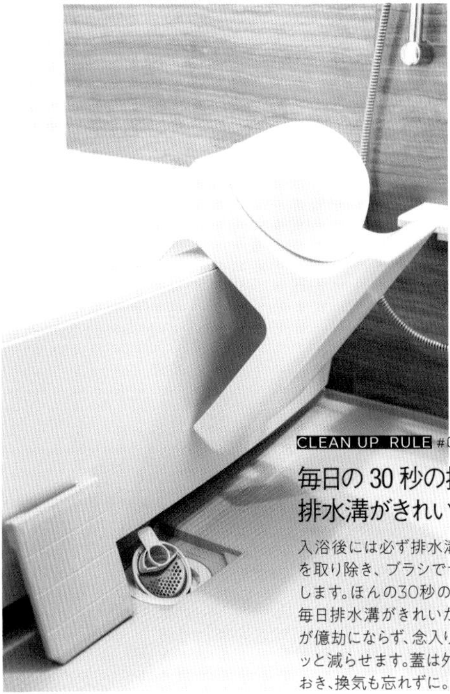

CLEAN UP RULE #018

毎日の30秒の掃除で排水溝がきれいな場所に

入浴後には必ず排水溝ネットの髪の毛を取り除き、ブラシでサッとこすり洗いします。ほんの30秒のちょこっと掃除。毎日排水溝がきれいだと蓋を開けるのが億劫にならず、念入り掃除の回数をグッと減らせます。蓋は外して立て掛けておき、換気も忘れずに。

CLEAN UP RULE #019

月一程度、浴室の念入り掃除を

月一程度、浴室の念入り掃除をします。その際、バスチェアや桶を残り湯に浸して酸素系漂白剤で漬け置き除菌。排水ネットも古歯ブラシなどでピカピカにします。

CLEAN UP RULE #020

子どものおもちゃは水を切れるカゴに

お風呂のおもちゃ収納はハンギングできる水切りカゴを使用。手すりに引っ掛けて水を切りながら収納できます。晴れた日には、そのままベランダの手すりに掛けて天日干しもできます。玩具収納ラック／ベルメゾンで購入。

掃除道具を
白で揃えておくと、
出しっぱなしでも、
気になりません。

吊るしておくことで
清潔に！

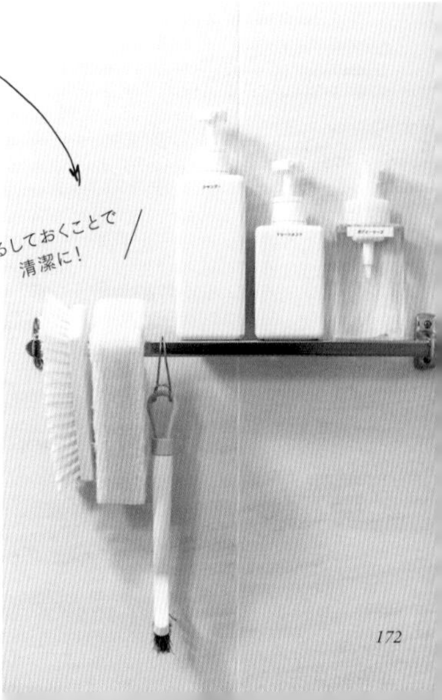

CLEAN UP RULE #021

掃除道具はバーに掛けられるものをチョイス

左から床掃除用のブラシ、浴槽用のスポンジ、排水溝や隅っこ用のブラシ。浴室内のバーに引っ掛けられるものを選ぶことで、水切れがよく衛生的に使えます。左からQQQのフッキングブラシ、フッキングスポンジ、ポイントブラシ。

玄関の掃除

汚れた玄関でも子どもたちはお構いなしに裸足で歩いてしまいます。
玄関の砂や汚れをお部屋に持ち込まないためにも、
できるだけきれいに保っておきたい場所。
そのためには掃き掃除に取りかかりやすい状態にしておくことが理想です。
すっきりした玄関は「いってきます」も「ただいま」も心地よい。
暗くて狭い場所だからこそ、どうしたら心地よく
使えるのかを考えるのです。

CLEAN UP RULE #022

靴が出ていないと お掃除もしやすい

狭い玄関なので靴は最小限しか出さず、来客時はしまうようにしています。掃き掃除をしたあとは水拭きか、汚れが気なる時はアルカリ電解水を使って拭き掃除。靴が出ていないとお掃除もしやすいです。

帰宅後の家族分の履物をしまうスペースを靴箱に確保しておくと、ラクに片づきます。

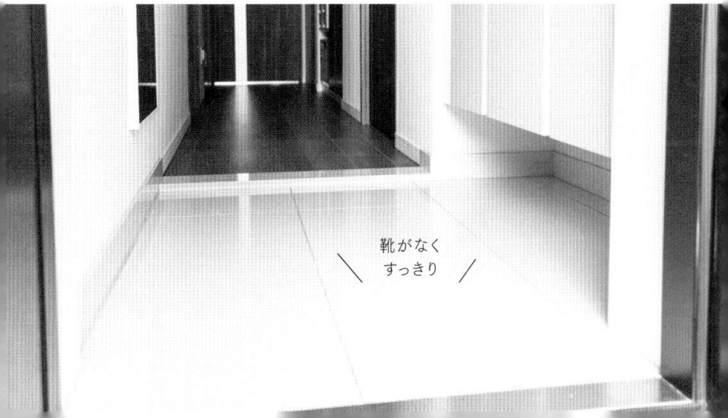

ベランダの掃除

ラグや布団を干すことも多いので、
作業しやすいようスペースにはゆとりをもっています。
ベランダの一角では、少しの緑を楽しんでします。

CLEAN UP RULE #023

床は丸洗いできる状態に

ベランダの床には手を加えず、いつもで丸洗いできる状態にしています。ウッドデッキを敷くことも考えましたが、裏にほこりがたまることを知り、断念。窓もカーテンも開け放つことが多々あるため、お部屋から見えても心地よいベランダが理想。ベランダの植物に水をあげて、そのついでに軽く掃き掃除が日課です。

CLEAN UP RULE #024

お気に入りの道具を用意

たかが掃除道具、されど掃除道具。購入するときには使い勝手だけでなく見た目もコレだ！ と気に入るものを探します。形から入ったっていいんです。それが楽しくお掃除できることに繋がり、使うたびに小さな満足感を得られるのです。

ブリキのバケツ／レデッカー、
デッキブラシ／ノーブランド。

ほうきセット／イリスハントバーク。

子どもと楽しめる

かわいらしい木のおもちゃ

温かみがあって見た目もかわいい木製おもちゃ。
我が家で活躍してくれているおすすめをご紹介しますね。

ITEM
01

木のお野菜セット
(WOODY PUDDY)

切り口がマグネットなのでサクッと爽快に切れて、断面もリアルに工夫されています。

ITEM
02

無印良品のままごとセット
(無印良品・一部廃盤)

シンプルなおままごとセットにカラフルな野菜が映えます。

ITEM
03

数字と英字のつみき

(ooh noo アルファベットブロック)

積んだり並べたりはもちろん、数字やアルファベットも学べるつみき。

ITEM
04

色鉛筆とペン入れ

(リラ社／WE社)

小さな手でも持ちやすい三角色鉛筆。お顔のペン入れでお片づけも楽しく。

ITEM
05

木製時計のパズル

(ハペ社)

最初はパズル感覚で。数字や時計を遊びながら学べます。

ITEM
06

木のパンやたまご

(エリツィ)

パンの種類がとても豊富でかわいらしいデザイン。

Chapter 4

できた！ を増やして
子どもの自信をはぐくむ
家作り

この家を「子どもたちの自信をはぐくむ場所」にしたい

我が家には２人の息子がいます。

人様に偉そうに語れるほど熱心な育児などできておらず、子どもの寝顔を見ながら猛反省する日も多々ある私ですが、１つだけ強く思っていることがあります。

それは、この家を「子どもたちの自信をはぐくむ場所」にしたいということ。

長男はなかなか言葉の出ない子でした。周りと比べてゆっくりなことも多く、思うようにいかない子育てにそれはそれは悩んだ時期がありました。その頃は私自身も焦ったりイライラしたり、母親としての自信すら失っていたように思います。

４歳になる頃にはぐっと成長した息子ですが、今でものんびりマイペース。彼のようなタイプの子は、集団生活では目立つことも褒められることも少ないかもしれません。そんな我が子に「できたね！　すごい！　ありがとう！」をたくさん言えるような家にしていきたくて、私なりに試行錯誤の毎日です。

気が散るおもちゃを視界から外して食事やお話に集中しやすい空間作りを意識したり、子どもでもわかりやすい仕組み＋おもちゃの量を調整することで片づけのハードルを低くしたり、その時々の子どもの様子や発達段階に合わせていろいろ試してきました。

　こちらの伝え方や見せ方を少し工夫するだけでも、子どもたちの小さな「できた！」を増やすことができます。私はそれがとてもうれしくて、一度はすっかり失っていた母親としての自信を、子どもを褒めることで少しずつ少しずつ回復していくような気持ちになりました。

POLICY

その子のペースで頑張れる仕掛けを用意して、できたら思いきり褒めて自立の力を育ててあげたい。そのためになんでできないの！　と怒らなくてもお互いが気持ちよく過ごせる仕組みを考えています。

人生は甘くないもので、努力しても報われないことがあったり、要領が悪くて損をする日があったり、何もかも投げ出したくなることだってある。大切な子どもたちがいつかどこかで心を打ち砕かれそうになった時、自分を守れる自信を今からたくさん蓄えておいてあげたい、そう思っています。

だからこそ、この家が「子どもたちの自信をはぐくむ場所」になりますように。

Kid's Space

子ども部屋のこと、子どもの自立のこと

子どもの成長に合わせて変化する収納。
お片づけに対して感じがちな苦手意識を
自信にすり替えるアプローチを心掛けています。

ＩＫＥＡの家具を使いやすくＤＩＹ

おもちゃ収納のメインにはＩＫＥＡのトロファストを使っています。

当初は専用のレールとボックスで引き出し収納にしていましたが、おもちゃの重みでレールがひずんでガタつくのが気になるようになり、少し手を加えることにしました。

棚板（別売）を固定して空間を区切り、持っていたカゴやシンプルなボックスを組み合わせておもちゃを仕分けています。

before

もともとトロファストに付属する引き出しを使っていた頃。重いおもちゃには向きませんでした。

小さ目ボックスを使って箱の中を仕切けることもできます。
ファボーレのヌーヴォボックスMサイズに、無印良品のメイクボックスが2つピッタリ収まりました。

家にある白いシールで
レールの穴を
隠しています。

使いやすくDIY

100円ショップのクリアケースでラベルを

出したおもちゃを元の位置に戻す時、どこだったかなぁと迷わなくてもいいように定位置に写真を貼っています。家でプリントアウトした写真をクリアケースに差し込むだけの簡単仕様。それを両面テープで棚板に貼り付けて表示することにしました。「こんな感じにしまってね」という状態にして写真を撮ることで、子どもたちにもゴールの状態が伝わりやすいかなと考えました。収納するものが変わったら写真を差し替えればＯＫです。

最初に印刷しておくとあとから自在に入れ替えられて便利。

片づける場所が一目でわかるように

定位置を決めて写真を貼っておいてあげると
子どもが自信をもって元に戻せます。

おもちゃの入れものは今あるものを使い回す

プラレールグッズの収納場所は大きなトートバッグです。いちばん長いレールの置き場に困り、外泊用に使っていたＬ．Ｌ．Ｂｅａｎ（ラージサイズ）でしばらく代用しようと考えました。この収納法だと多少荒く扱ってもバッグなのでうるさくないし、プラレール一式を入れても子どもがリビングまで持ち運べるくらいの軽さです。新しい収納グッズを買い足す前に、家にあるもので代用してみると、意外な発見があったり、本当に必要なものが具体的に見えてくることが多いです。おもちゃはこうしてしまうもの、という固定概念をとっぱらうと、便利に使えるアイテムが家のあちこちに眠っているのではないでしょうか。おもちゃを卒業してからも他の用途で使えるアイテムはうれしいものですね。

L.L.Beanの
大きなトートバッグ

プラレールは
大きなトートバッグに

部品ごとに細かく分けずに、一式をまとめて収納。
家にある量がちょうどよく収まりました。

独身時代からのカゴでリビングと子ども部屋を移動

長男が赤ちゃんの頃からおもちゃのそばには、カゴがありました。私が独身時代から愛用していた籐のカゴ。子どもたちにとってはおもちゃの収納としてだけでなく、時にはお買い物カゴになり、お出掛けバッグになり、無理矢理中に入ってお風呂にされていたことも。そんな子どもたちの荒い扱いにもたえてきた、丈夫で頼れるカゴなのです。まだおもちゃの仕分けが難しい月齢の頃にはカゴの中におもちゃを集めるだけでＯＫとしていましたが、成長すると集めたものを子ども部屋まで運んでもらい一緒に仕分けて片づけられるようになりました。持ち手付きのカゴは持ちやすいのか、次男が１歳の頃でも上手に運んでいました。いつかおもちゃを卒業しても、我が家のどこかで便利に使い続けるだろうと思えるアイテムです。

長男が2歳の頃のお片づけ

長男が2歳の頃は、このカゴにおもちゃを集めてくれたら〇Kとしていました。左手にカゴを持ち上手に集めていました。

私が片づける時も
カゴが便利

カゴごと子ども部屋に移動。

子ども部屋で引き出しに一気に分類。

リビングのおもちゃをすべてカゴに。

おもちゃは時々間引いて、片づけられる量をキープ

まだ小さな子どもでも、大切なものはしっかりと管理しているなぁと感じます。どこにあるのか把握しているし、失くなっていたらすぐ気付き、探します。それこそが「自分で管理する」ということだと思うのです。

お気に入りのおもちゃだとお片づけがよりスムーズにできるのは、次遊ぶまでちゃんと保管しておきたい気持ちがあるからではないでしょうか。ものを選別して収納を整えると「失くしものが減る、探しものがすぐ見つかる」という大きなメリットがあります。たかがおもちゃ収納ですが、管理できる一定量をキープしておくことは、子どもたちがいつでも快適に遊べて片づけやすいということに繋がると思っています。

間引いたおもちゃの収納場所

間引いたおもちゃは2ヶ所に分けて保管しています。どちらも子どもからは見えないようになっています。

小さな頃のおもちゃは天袋で保管

あまり遊ばなくなったおもちゃは少しずつ間引いていきます。フロックボックスを使って和室の天袋に。

適量を超えた分は手の届かない場所で管理

子どもからの要請があった時に下ろしてあげます。希望であればおもちゃ収納のアイテムと入れ替えて適量をキープ。

すごいね！ できたね！ と子どもを褒めたい

和室の押入れの片隅に、幼稚園の身支度スペースを作っていました。家にあったアイテムの寄せ集めで作ってみたのですが、私なりに自立への想いを込めた仕組みです。毎朝登園準備をし、帰宅後は帽子や制服を所定の位置に戻して着替えるという毎日毎日繰り返す作業は、幼児にとってはそこそこの任務なはず。気分が乗る日もあれば、乗らない日もあるでしょう、それは大人も同じですよね。いろんな気分の毎日でも「できた！」の積み重ねになるように、時にはそばで見守りながら、時には少し手を貸したり声掛けをしながらやっています。子どもの自立を目標とするなら、怒ったら負け、その気にさせるが勝ち！ だと感じています。それを忘れないように続けたいと思います。

＼幼稚園の身支度ゾーンの仕組み／

朝、幼稚園生が
自分で準備できる流れ

しまう場所に写真

左側の引き出しの上は制服の帽子置き場。その下は引き出しを抜きオープンにして制服置き場にしています。それぞれしまう場所に写真を貼って視覚的にわかりやすくしています。

ハンガーを常備

右側は制服の上着を掛ける場所に。無印良品のPPケースは重ねられる仕様になっているため、縁にハンガーがちゃんと引っ掛かります。使っているのは、首が回るIKEAの子ども用木製ハンガー。

できた!すごいね!が
聞こえる家に

いっぱい褒める!

帰宅したら帽子を置いて制服をハンガーに掛けて着替える、という流れ。子どものそばに座り込み毎日オーバーに褒めてようやく定着しました。頭をひねって考えた収納や仕組みを、子どもがしっかりにこなそうとしてくれたら、私自身素直にうれしいし、褒めることが増えます。

帰ってきたら自分でお着替えができる流れ

幼稚園から帰宅した後、
細かい声掛けや手助けがなくても
子どもが1人で動ける仕組みを考えました。
着替えをセッティングしておくボックスは
浅くて広い形で持ち手付きのもの。
洗濯ものもまとめて入れて運べるので、
使い勝手がよく、便利です。

ケースの横にはフックを付けて

フックには通園リュックをかけてもらいます。

帰宅後のお着替え

帰宅後に着る洋服をセッティングしておきます。

着替えたら、脱いだ制服や持ち帰ったタオルなど洗濯するものを入れてもらいます。

子どもに脱衣所の洗濯カゴまで入れにいってもらいます。

よくできました!

小さな子どもでも一目でわかる視覚の工夫を

子どもにとって、一目でわかりやすく使いやすくするにはどうしたらいいだろう。そう考えながら、これまでいろいろと試してきました。ところが、子どものために導入したやり方は、意外にも大人の自分にとっても「わかりやすくて快適になった！」と感じることがとても多いのです。子どもでも、大人でも、やっぱり視覚からの情報って大きいのだと気付きました。だからといって何にでも絵や写真を貼ればいいのかといったら、またそれも違って、情報が溢れてしまうとかえって見にくくなることもあります。

見た目をすっきりとシンプルに整えながら、視覚でもわかりやすいこと、それがいちばん理想的だなぁと感じています。

サイズ違いの容器なら文字が読めない時期でもわかる

文字が読めなくてもボトルで見分けられるようにすることで、子どもたちがスムーズに自分で体を洗えるようになりました。左からシャンプー・トリートメント・ボディーソープ。

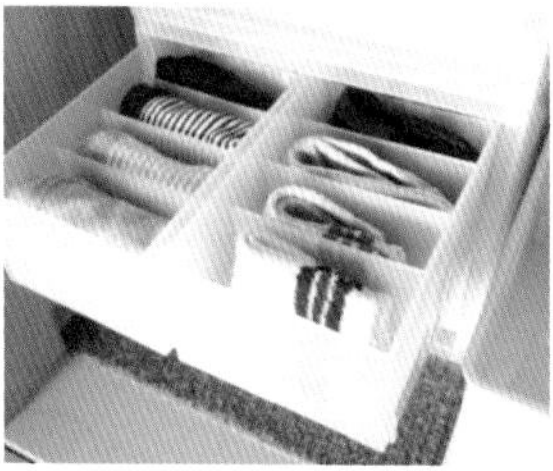

パンツ・靴下用の引き出しは細かく分けておく

1つずつに仕切っているので子どもが出し入れしてもごちゃっと乱れません。空いている場所が一目でわかるので、しまいやすいのも◎。

小学生の
お片づけアイデア

小学生になったら、自分で管理していくものが急に増えます。できるだけシンプルな収納にすることで、子どもでも整理しやすい環境を整えています。引き出し1つ分の整理でも、繰り返しやっていくことで、だんだんとお片づけの力がついてきて、いる／いらないを自分の基準で判断できるようになってきます。現在小学2年生と4年生の子どもたちのお片づけについてご紹介します。

毎朝検温して健康カードに記入するのがルーティンになりました。1秒で測れる非接触温度計とペンをデスク周りに置いて、ワンアクションで取れるようになっています。

机に設置した有孔ボードには、時間割や絵などをクリップで簡単に掲示できるようになっています。

これは使いやすい!

鉛筆削りは、上から鉛筆を差し込むので、子どもでも簡単に削りやすいです。コードレスの電動タイプを愛用しています。

引き出し２段目

すぐに処分できないプリントやテスト、作品などはどんどん引き出しへ。日々の片づけは机の上がきれいになればOKです。

引き出しがいっぱいになったら中身をいったん全部出して、いる／いらないを分けていきます。子どもたち自身が整理することで、慣れて早くできるようになってきます。

前年度の教科書やノートの保管について

前年度の教科書やノートをどうするか、整理の時に子どもの意見を聞きます。心配性の長男は1年だけ残しておきたいと、ファイルボックス1つ分にまとめて天袋で保管。次男は「必要ない」と全て処分しました。子どもたちの気持ちに寄り添いつつ、手放すタイミングなども一緒に学んでいける機会になっていると思います。

引き出し 3 段目

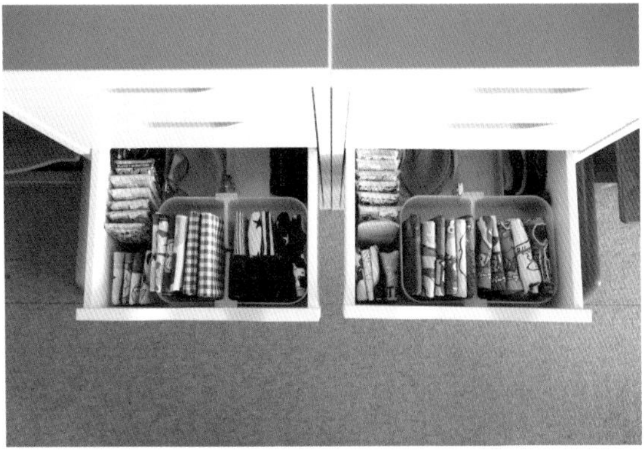

「毎日セット」の引き出しには給食袋、ランチョンマット、ハンカチ、ティッシュ、マスク。冬は手袋などもスタンバイしています。

ハンカチ、ティッシュは、無印良品のデスク内整理トレーに収納しています。

たたんで、立てて収納すれば、取りやすく選びやすいです。

ランドセルがポイ置きにならない棚にする

重たいランドセルは、高い位置だと置くのもひと苦労。子どもの身長に合わせて、ラクに収納できる位置にしてあげると、片づけやすくなります。

水筒のカバーは各自で管理してもらっています。帰宅したら水筒だけキッチンへ出し、朝は私が準備した水筒をカバーに入れて持っていく流れ。

通学帽や手提げはサイドに引っ掛け収納しています。

腰の高さに置くと、ランドセルを開けて時間割を合わせやすいのもメリット。

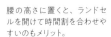

文庫特別コラム

散らかるのを防げる
学校のものなんでもボックス

デスク横の押入れのフロックボックスには、学校関連のものを入れています。上履きや体操服の予備や、新年度に必要な雑巾のストックなどをまとめておけるスペースがあると便利です。

蓋が上に開くので、引き出す手前のスペースがいらず、狭いスペースやカーテンなどがある場所でも中のものを出し入れしやすい収納ボックスです。

新しい家具は買わずに
あるものを使い回しています

1年生の時は

1年生のときはスリムな棚で十分でした。教科書も少ないので、引き出しに全て入れていました。棚の両端に引っ掛けられるフックを付け、手提げのかばんや帽子を掛けていました。

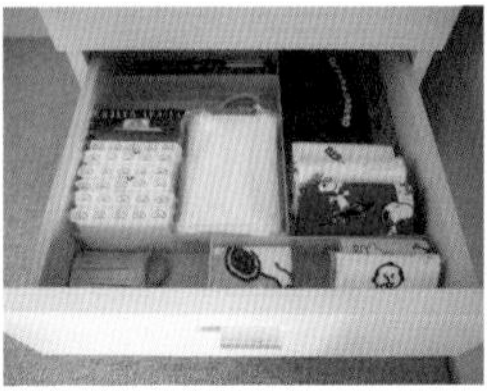

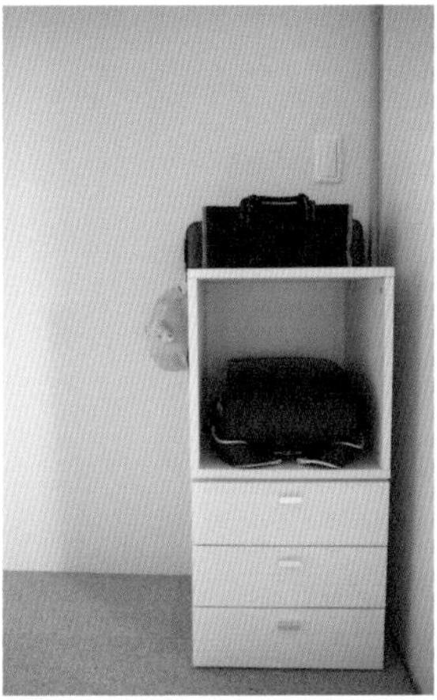

2 年生の時は

2年生で少し荷物が増えてきて、ダイニングで使っていたシェルフをランドセル収納に活用。無印良品のファイルボックスに教科書やプリントを収納していました。

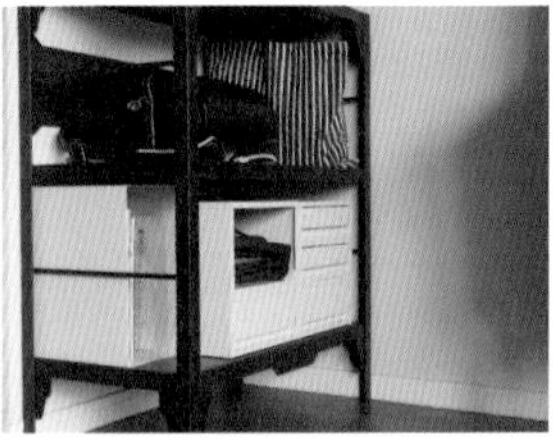

1年生と3年生の時は

兄弟2人が小学生になったので、横並びで収納を用意。左右対称で分けました。名札は失くさないように貼って剥がせるフックを取り付けて定位置を作りました。

リビング学習の時は、色鉛筆や鉛筆削り、持ち運べるライトなど、スチールキャビネットにまとめて収納していました（現在はワークスペースで使っています）。

リビングの
ワークスペース作り

これまではダイニングのテーブルで作業していましたが、テレワークの増加を機にワークスペースを作ることに。書類やパソコンを出しっぱなしにできるので作業に取りかかりやすくなりました。環境の変化に合わせて設置場所を変えられるようにコンパクトな折りたたみデスクを選びました。机自体は小さいですが周りの家具とうまく組み合わせて快適に使えるように工夫しています。

デスクは無印良品の折りたためるデスク。引き出し収納などはキャスターを付けて移動できるものにしています。

デスク専用のチェアは購入せず、ダイニングテーブルの椅子を使っています。

デスクライトは充電式のもの。停電時にも使える防災アイテムにもなります。

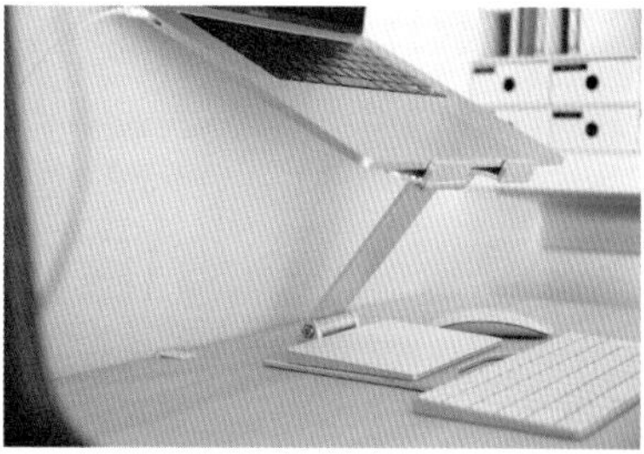

できるだけ姿勢が悪くならないように、PCスタンドを活用して目線を高くしています。

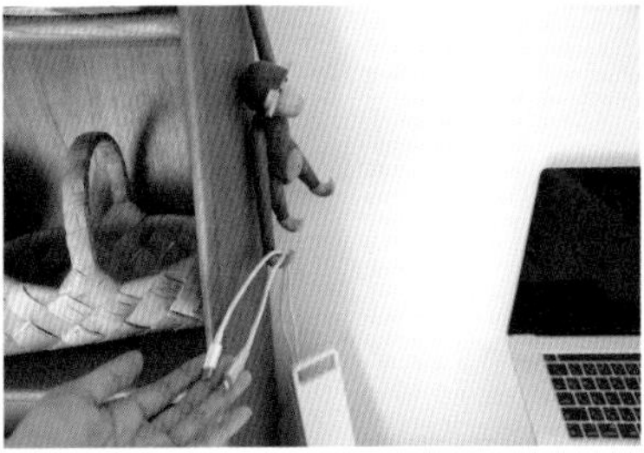

机の下から通してきた配線は北欧雑貨のモンキーの手に引っ掛けています。

充電用の配線は、クランプ式の吊り下げ収納で机に取りつけています。配線が床につかない工夫をしておくと掃除がラクです。
電源タップでon/offの切り替えが簡単にできます。

iPadやPCにすぐ接続できるような仕組みにして、充電のたびに出したり片づけたりしないでいいようになっています。

領収書などは引き出しに入れるだけにしています。

書き物をする時など、机の上を広く使いたい時は、PCと周辺機器を片づけます。PCは引き出しの上に、キーボードやスタンドは引き出しの中に収納できるように定位置をあらかじめ決めています。こうしておくと適当にどこかに置くのを防げるので、散らかりにくくなります。

左・ネイルやメイク関係のもの。
右・テープや紐。フリマアプリの配送などによく使います。

案外頻繁に出番がある針と糸。ボタンつけなど面倒な作業もさっと取りかかれるように、デスクの下に裁縫道具を置いています。

細々したスマホの充電器などの定位置を決める

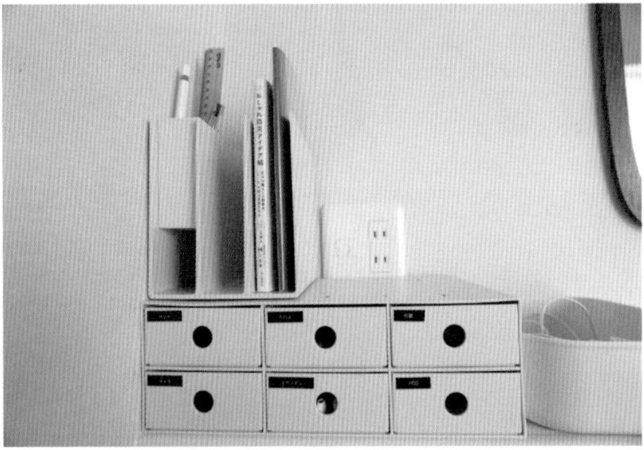

仕切りスタンドの下は引き出し収納になっています。

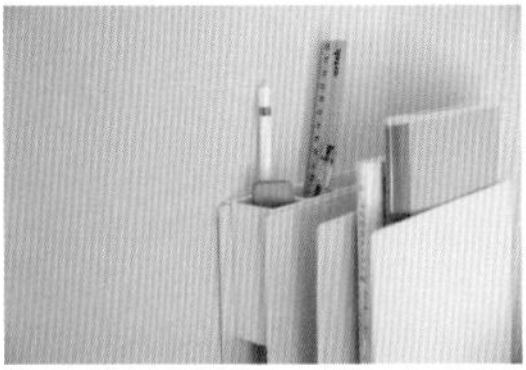

作業しながらさっと使いたいものを収納しています。手帳やApple Pencil、ペン、USB Cハブなど。

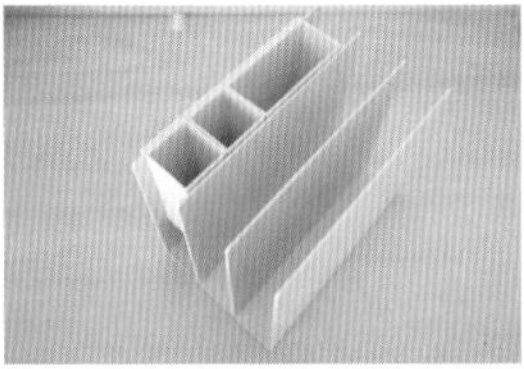

無印良品の仕切りとペンポケットを組み合わせて使っています。

文庫特別コラム

引き出しの中身

クリーニングクロス、ブラシ

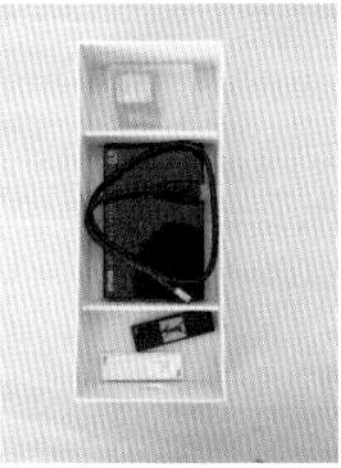

外付けハードディスク、USB、SDカード

ふせん

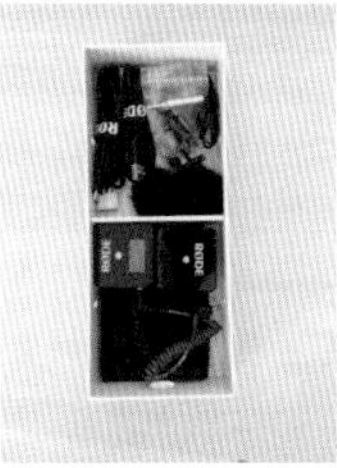

マイク

ペンチ

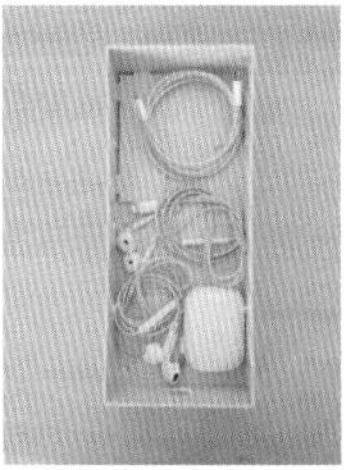

イヤフォン

デスク周りの収納は
キャスター付きのキャビネットが便利

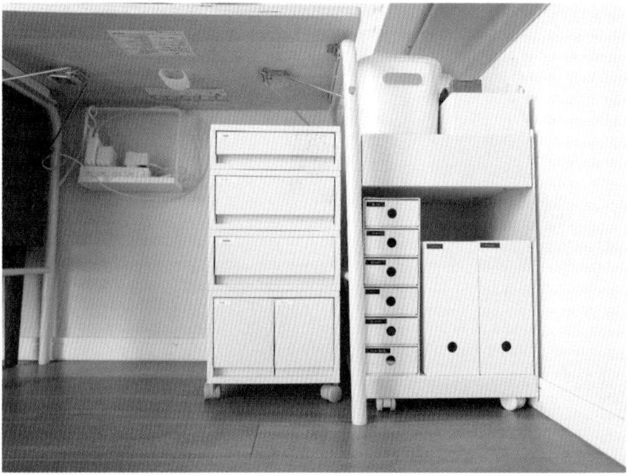

机は引き出しのないシンプルなものを選び、押入れで使っていた引き出し収納をデスクで活用することに。

足元に置く家具も白でまとめると圧迫感なくすっきり。

必要に応じて簡単に動かせるので、配置替えや掃除機をかける時に便利です。

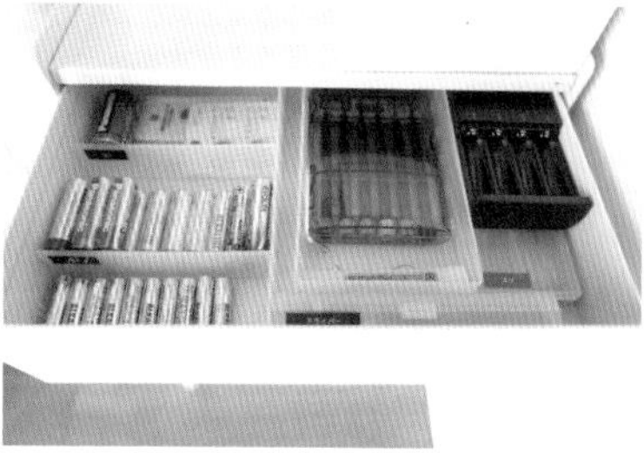

無印良品のスチールキャビネットの引き出しにはドライバーや電池など。

ファイルボックスの中身はティッシュケースと、小学校の保管書類、ストックしている新しいノートです。

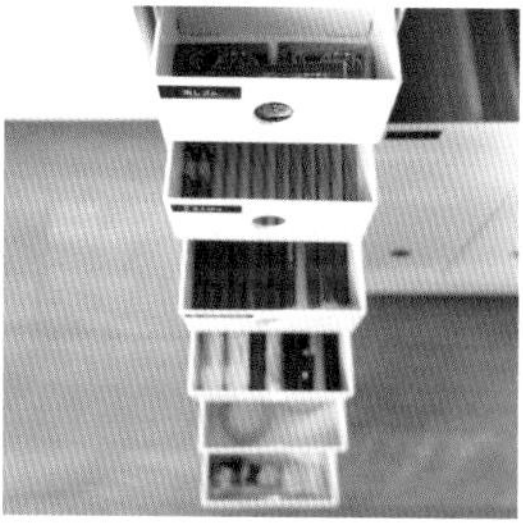

6段引き出しの中身は小学校の学用品ストック。上から消しゴム、鉛筆、赤鉛筆、油性ペン、テープとスティックのり、絵具とクレヨン。

CLEAN UP OF THE ROOM

家族とおうちの整理のQ&A

インスタグラムで時々みなさまから
いただく質問のお答えをご紹介します。

Question
01

部屋はいつも片づいているの?

A 部屋が片づいているのは子どもが寝たあとだけです（笑）。基本的にはものが散乱しています。だから、いつも片づいている家ではなく、片づけようと思えば10分くらいでそこそこきれいになる家を目指しています。ものの定位置をしっかり確保し、少ないステップでしまえるようにしておけば、10分でかなり片づきますよ。

Question
02

ご主人も片づけしてくれるの?

A 夫は子どもとおもちゃを使って遊ぶことが私よりも多いので、おもちゃのお片づけは子どもと一緒にやってくれます。仕分けが簡単なおもちゃ、洗濯するもの、捨てるものなどはわかりやすいようで動いてくれますが、夫が片づけてくれるものは定位置があり、本人も把握しているものだけとも言えます。

Question

03

片づけが好きになったのはいつから?

A　好きな文具などを見やすく並べて整理整頓するのは小さな頃から好きでした。ところが片づけは面倒で、独身時代は洋服の溢れた部屋に……。今でも片づけは正直面倒ですが、自分しかやる人がいないからエンジンかけて頑張っています。だからこそ最短時間と最短距離で片づく仕組みを考えています。

Question

04

幼稚園のプリントの管理はどうしている?

A　幼稚園からの月間予定を持ち帰ると、まずiPhoneで撮影してから定位置へ。食器棚扉裏のファイルへ差し込むだけ。月間予定を出先で確認できるようにしておくと便利。重要でないものは持ち帰ったその日のうちに処分して後回しにしないことで二度手間が防げます。

Question

05

子どもの作品はどこに保管?

A　作品を持ち帰ったら子どもと一緒に記念撮影。立体的なものは、子どもたちがおもちゃのように遊びに取り入れます。ボロボロになるまで遊んだら処分。絵はしばらく飾って楽しんでいます。そのあと保管するものを選別してファイルに。ファイルボックス1つ分くらいに集めていく予定です。

おわりに

　この本の制作にあたり、家中のあらゆる場所をピカピカにしてからプロのカメラマンさんの腕で素敵に撮影していただきました。なので誌面の中の我が家はどこもかしこもすっきりきれい。それは「いつもこんなにきれいに片づけています」という意図のものでは決してありません。

　でも私がきちんと整った写真にこだわりたいのは、私自身そのような写真によって片づけ欲が湧いてくるためです。説明文なんて読まなくても、視覚にパッと飛び込んでくる気持ちよく片づいた風景。その写真を見れば「よし！　この状態に戻そう！」とエンジンがかかるような、ついつい片づけたくなるような。この書

籍を手に取ってくださったみなさまにも同じような気持ちになっていただけたらいいなという思いで制作してまいりました。

では実際は、ですが。2歳と4歳の男の子が戦いごっこをしながら走り回るおうちを想像してください、それが我が家です。片づいている時間の方が圧倒的に少ない。

だからこそ！　家族が簡単に片づけられる仕組みやその分量、この家の広さやライフスタイルに合ったものの持ち方とは常に真剣に向き合ってきました。この「向き合う」ということが実はいちばん重要で、いちばん時間を要することかもしれません。

自分を知ること、家族を知ること。苦手な部分はお互いがカバーし合い、それぞれの得意な部分を活かせる仕組みにできれば、家族にとって無理のない最適なものになるのだと思っています。心地よい暮らしは人それぞれではありますが、ここで紹介した我が家の暮らしが少しでもどなたかのお役に立てれば大変うれしく思います。

最後になりましたが、私を見つけて声を掛けてくださったマイナビ出版の脇さん、こだわりが強い私の要求にもいつも柔軟に対応してくださった編集の柳原さんはじめ、本の制作に関わってくださったすべてのみなさまに感謝の気持ちでいっぱいです。そして何より、インスタグラムにいただくメッセージのすべてがとても大きな励みとなっていました。本当にありがとうございました。

PROFILE

Misa

大阪府在住。夫と2人の息子と暮らす。2014年に新居での暮らしをスタートしたことを機にインスタグラムを始め、家事の効率化を考えて作り上げていく収納や、選りすぐりの愛用品などを紹介。中でもすっきりしたインテリアが人気を集め、今や15万人のフォロワーが注目する存在。著書に『おしゃれ防災アイデア帖』（山と渓谷社）がある。
Instagram/@ruutu73

STAFF

編集　柳原香奈
取材　牟田悠
デザイン　橘田浩志（attik）
写真　吉村規子　Misa
イラスト　奥本貴子　宇田川由美子

本書は、『北欧テイストのシンプルすっきり暮らし　散らかっても10分で片づくアイデア』（2016年8月／小社刊）を再編集し、文庫化したものです。

マイナビ文庫

北欧テイストのシンプルすっきり暮らし

散らかっても10分で片づくアイデア

2021年6月20日　初版第1刷発行

著　者	Misa
発行者	滝口直樹
発行所	株式会社マイナビ出版 〒101-0003 東京都千代田区一ツ橋2-6-3 一ツ橋ビル 2F TEL 0480-38-6872（注文専用ダイヤル） TEL 03-3556-2731（販売）／TEL 03-3556-2735（編集） E-mail pc-books@mynavi.jp URL https://book.mynavi.jp

カバーデザイン	米谷テツヤ（PASS）
DTP	田辺一美（マイナビ出版）
印刷・製本	図書印刷株式会社

ISBN978-4-8399-7680-4
Printed in Japan